仿制药一致性评价政策研究

Study on the Policy of Generic Drug Consistency Evaluation

王青宇 著

科学技术文献出版社
SCIENTIFIC AND TECHNICAL DOCUMENTATION PRESS

·北京·

图书在版编目（CIP）数据

仿制药一致性评价政策研究 / 王青宇著. —北京：科学技术文献出版社，2018.12（2022.9重印）
 ISBN 978-7-5189-4988-5

Ⅰ.①仿… Ⅱ.①王… Ⅲ.①制药工业—产业发展—研究—中国 Ⅳ.① F426.7

中国版本图书馆 CIP 数据核字（2018）第 265442 号

仿制药一致性评价政策研究

策划编辑：周国臻　　责任编辑：李　晴　　责任校对：文　浩　　责任出版：张志平

出 版 者	科学技术文献出版社	
地　　　址	北京市复兴路15号　邮编 100038	
编 务 部	（010）58882938，58882087（传真）	
发 行 部	（010）58882868，58882870（传真）	
邮 购 部	（010）58882873	
官方网址	www.stdp.com.cn	
发 行 者	科学技术文献出版社发行　全国各地新华书店经销	
印 刷 者	北京虎彩文化传播有限公司	
版　　　次	2018年12月第1版　2022年9月第2次印刷	
开　　　本	710×1000　1/16	
字　　　数	153千	
印　　　张	9.75	
书　　　号	ISBN 978-7-5189-4988-5	
定　　　价	42.00元	

版权所有　违法必究

购买本社图书，凡字迹不清、缺页、倒页、脱页者，本社发行部负责调换

前　言

在我国制药领域中，95%以上化学药品为仿制药。近几十年来，仿制药在保障基本医疗供给、满足人民群众药品可获得性及可负担性方面发挥了重要作用。但部分国产仿制药在疗效及安全性方面与原研药仍存在一定差距。2012年，国务院印发的《国家药品安全"十二五"规划》中明确提出：对2007年修订的《药品注册管理办法》施行前批准的仿制药，分期分批与被仿制药进行质量和疗效一致性评价。中共中央办公厅、国务院办公厅、国家食品药品监督管理总局等连续发文推动仿制药一致性评价政策改革。

本书采用文献研究、比较研究、问卷调查等方法对我国仿制药一致性评价政策改革进行监测，对改革背景、政策目标、改革进程、激励政策等进行了分析与探讨，对美、日等国家仿制药一致性评价政策实施过程、政策效果等进行了比较研究，对一致性评价利益相关者支持度进行了调查分析，对一致性评价与药品标准的关系进行了探讨，以对我国一致性评价政策改革提供政策建议。

仿制药一致性评价政策及临床试验数据自查和核查，开启了仿制药注册申报及质量严格监管的良好开端，但目前政策推行中遇到一些问题。首先，作为阶段性政策，一致性评价推动多以国务院和CFDA出台的规范性文件为主，缺乏上位法联系和衔接，缺少前瞻性及长期制度设计，包括仿制药市场准入制度、上市后

仿制药一致性评价政策研究

再评价制度及仿制药欺诈惩罚制度等；其次，参比制剂可获得性较低或者不匹配，复杂、特定仿制药审批指南有待进一步确定；最后，首批药品289个品种完成率较低，企业评价动力不足，改革任务重、困难大等。仿制药一致性评价政策将对我国医药产业产生深远影响，行业集中度将大大提升，并对未来医保支付制度改革、集中采购等提供变革基础。

在对美、日历史上仿制药一致性评价政策改革分析中，发现美国的DESI评价方法是依据政府、企业及科学文献三方证据，日本药品有效性评价参考了美国的DESI，评价方法上确立了科学文献筛选评价品种，企业提交证明材料、药事委员会审议等方法。药品品质再评价主要采用体外溶出试验的方法，以制剂在4种不同溶出介质溶出曲线比较来进行评价。我国的方法主要是以采用市场准入制度，人体内生物等效性试验为主。

在代表药物与美国、日本、欧盟等国家药品标准的比较研究中，发现我国药品标准中部分项下规定不够详细、标准较低，这将会对仿制药品质量产生一定负面影响。在推进仿制药一致性评价的工作中，还应该注重药品质量标准的提升，建立适合我国仿制药一致性评价的注册标准及国家药品标准等标准体系。

在问卷调研中，部分受访者认为总体上仿制药在安全性方面与原研药存在较大差异，以及不同厂家仿制药质量存在较大差异。部分抗生素、心血管类仿制药在临床使用时受到抱怨或投诉。药师对我国目前仿制药信任度较低，对仿制药质量和疗效一致性评价政策支持度较高。

目前，基本药物目录中289品种一致性评价通过率较低。建议考虑国情与患者需求，时间上有一定缓冲期。尽快完善药品管

前 言

理法、药品注册管理办法等法律、规章等，未来一致性评价在仿制药审评阶段就完成。参比制剂应尽快明确，基于 BCS 分类豁免品种应尽快公布，特定复杂产品仿制药审批指南逐步完善。继续加大 289 品种通过一致性评价的激励制度，包括财政激励、采购、医保政策等。

一致性评价政策改革中信息透明度较高，沟通渠道多样，上市药物目录集数据库初步建立。对通过一致性评价的药品，将采购、使用、医保制度改革等政策逐渐细化、落实，以形成有力的激励制度。防止仿制药一致性评价变为"一次性评价"，需要建立药品全生命周期监管制度。不断提升仿制药信任度，发挥药师主体责任，完善仿制药政策。

本书主要创新点表现在以下几个方面。

①对仿制药及参比制剂定义的要素进行系统归纳和总结。

②对仿制药一致性评价政策改革的背景、进程及阻碍、利益相关者、审评透明度等进行了监测分析和评价。

③对一致性评价和药品标准关系进行了辩证思考。

④本书对国内药师对仿制药知识、观点及一致性评价的看法等进行了详细调研。开放式问题的设计则为未来循证药学研究及真实世界证据的研究提供了参考。

目 录

第一章 绪论 ·· 1
  1.1 研究背景 ·· 1
  1.2 研究目的和意义 ·· 2
  1.3 国内外研究现状及文献综述 ·· 3
    1.3.1 仿制药与原研药体外溶出试验、体内 BE 试验 ··················· 3
    1.3.2 仿制药一致性评价相关政策研究 ··································· 4
    1.3.3 仿制药及参比制剂研究 ··· 6
    1.3.4 仿制药上市后与原研药临床疗效及安全性评价系统综述 ······ 8
    1.3.5 医生、药师和患者对仿制药信任度的研究 ······················· 9
    1.3.6 仿制药价格、可获得性、可负担性的研究 ······················· 9
  1.4 研究方法 ··· 12
    1.4.1 文献研究 ·· 12
    1.4.2 理论研究 ·· 12
    1.4.3 比较研究 ·· 12
    1.4.4 问卷调研 ·· 12
    1.4.5 统计分析 ·· 13
  1.5 研究内容与框架 ·· 14
    1.5.1 研究内容 ·· 14
    1.5.2 研究思路与框架 ··· 16

第二章 相关概念及理论 ·· 17
  2.1 相关概念 ··· 17
    2.1.1 仿制药、参比制剂、标准制剂 ···································· 17
    2.1.2 生物利用度、生物等效性等相关概念 ··························· 23
    2.1.3 治疗等效性 ··· 26
    2.1.4 质量及其度量 ·· 27
  2.2 相关理论 ··· 29

  2.2.1 质量源于设计 …………………………………………………… 29
  2.2.2 利益相关者理论 ………………………………………………… 32
  2.2.3 政策改革 ………………………………………………………… 33
第三章 我国仿制药一致性评价政策改革研究 ………………………………… 37
 3.1 仿制药一致性评价政策改革的背景 ……………………………………… 37
  3.1.1 政策改革之政治、经济背景 …………………………………… 37
  3.1.2 政策改革之我国仿制药行业背景 ……………………………… 37
 3.2 仿制药一致性评价政策改革的利益相关者分析 ………………………… 39
 3.3 仿制药一致性评价政策改革监测研究 …………………………………… 40
  3.3.1 政策的目的及观点 ……………………………………………… 40
  3.3.2 政策文件 ………………………………………………………… 41
  3.3.3 政策立法及实施 ………………………………………………… 48
  3.3.4 仿制药一致性评价的申报程序 ………………………………… 49
 3.4 仿制药一致性评价工作的进展 …………………………………………… 53
  3.4.1 一致性评价品种来源分类 ……………………………………… 53
  3.4.2 分品种、分剂型阶段实施 ……………………………………… 54
  3.4.3 公布的参比制剂分析 …………………………………………… 55
  3.4.4 已获批品种、剂型、厂家分析 ………………………………… 56
  3.4.5 一致性评价现阶段审评受理情况分析 ………………………… 70
 3.5 仿制药一致性评价政策的激励措施 ……………………………………… 73
  3.5.1 采购使用 ………………………………………………………… 73
  3.5.2 医保支付 ………………………………………………………… 73
  3.5.3 加强沟通、交流 ………………………………………………… 73
  3.5.4 信息透明度高 …………………………………………………… 73
  3.5.5 各省激励措施 …………………………………………………… 74
 3.6 仿制药一致性评价对医药产业影响的分析 ……………………………… 75
  3.6.1 配套政策实施后，将会提升仿制药市场份额 ………………… 75
  3.6.2 仿制药产业集中度提升，中小企业或面临淘汰 ……………… 75
  3.6.3 给上下游企业带来机遇和挑战 ………………………………… 75
  3.6.4 加速仿制药企业的国际化，增强企业的竞争力 ……………… 75

目 录

第四章 国外仿制药一致性评价政策及借鉴 ····································· 77
4.1 美国仿制药相关制度 ··· 77
    4.1.1 美国 Hatch – Waxman 法案 ·· 77
    4.1.2 药物有效性研究实施项目 ·· 79
    4.1.3 美国特定、复杂仿制药的审批 ·· 80
4.2 日本仿制药再评价 ·· 83
4.3 中美日仿制药一致性评价政策比较 ·· 84
4.4 启示及建议 ··· 86
    4.4.1 仿制药一致性评价政策需进一步建立、完善相关
          法律法规 ·· 86
    4.4.2 一致性评价期限、方法及特殊考量 ····································· 86
    4.4.3 国情与患者需求的平衡 ··· 87

第五章 仿制药质量标准差异的比较研究——以代表药物为例 ·············· 88
5.1 研究目的 ·· 88
5.2 方法 ·· 89
5.3 结果 ·· 89
    5.3.1 盐酸二甲双胍片 ·· 89
    5.3.2 阿司匹林片 ·· 91
    5.3.3 伊曲康唑胶囊 ··· 92
    5.3.4 注射用头孢他啶 ·· 93
5.4 讨论 ·· 94
5.5 结论 ·· 95

第六章 政策进程中呈现的问题 ··· 96
6.1 参比制剂相关问题 ·· 98
    6.1.1 参比制剂争议 ··· 98
    6.1.2 参比制剂的可获得性问题 ··· 100
6.2 基于 BSC 分类的 BE 豁免的研究 ··· 100
6.3 特定、复杂仿制药的审批 ··· 101
6.4 一致性评价进程中基药通过率过低的原因分析 ··························· 102
    6.4.1 从企业角度分析 ·· 102
    6.4.2 从管理主体角度分析 ·· 103

  6.4.3 从历史角度分析 ··· 103
 6.5 配套措施及后续监管问题 ··· 104

第七章 药师对仿制药一致性评价认知的调研 ·································· 105
 7.1 目的 ·· 105
 7.2 方法 ·· 105
  7.2.1 问卷设计 ·· 105
  7.2.2 数据收集的时间和方法 ·· 105
  7.2.3 数据处理及统计 ·· 106
 7.3 结果 ·· 106
  7.3.1 调研概况 ·· 106
  7.3.2 第二部分：药师对仿制药的认知及观点 ···························· 108
  7.3.3 第三部分：药师对仿制药信任度及仿制药一致性
      评价政策改革看法 ·· 110
  7.3.4 Logistic 回归分析结果 ·· 115
 7.4 讨论 ·· 116
 7.5 结论 ·· 116

第八章 主要结论与展望 ·· 117
 8.1 主要结论 ·· 117
  8.1.1 仿制药一致性评价政策改革的评价、建议 ······················· 117
  8.1.2 通过一致性评价政策后的品种管理 ································· 120
 8.2 本研究的创新与不足 ·· 121
  8.2.1 本研究的创新之处 ·· 121
  8.2.2 本研究的不足之处 ·· 121
 8.3 未来展望 ·· 121

附录 A 卫生政策改革监测问卷 ·· 123
附录 B 药师对仿制药知识及一致性评价政策改革调查问卷 ······················ 132
附录 C 缩略语简表 ··· 135
参考文献 ··· 137
致谢 ··· 145

第一章 绪 论

1.1 研究背景

原研药,又称品牌药(Brand-name Drug),一般是指在全球获得首个专利并生产上市的药品[1]。原研药一般经过了严格的临床前研究和临床Ⅰ、Ⅱ、Ⅲ期试验,基于效益—风险证据之比经审批后上市。仿制药(Generic Drug)源于拉丁文"Genus",意为"通用类",通常情况下指品牌药在专利期满之后由非专利厂商生产的具有相同规格、活性成分、剂型和给药途径,并经证明其具有相同疗效性和同等安全性的药物[2]。仿制药是各国医疗保障体系中不可或缺的一部分,在保证公众药物的可获得性、可负担性及节约医疗资金等方面发挥着重要的作用。

作为人口大国及重大疾病如肿瘤、心血管疾病、糖尿病等高发病率及死亡率的大国,仿制药战略是我国药品安全战略的重要组成部分,仿制药的可获得性及可负担性不仅是民生问题,也是政治问题[3]。

世界银行2010年发布的《仿制药政策—中国基本药物政策的基石》中提出,仿制药政策是基本药物政策不可或缺的组成部分。仿制并不意味着假冒或者非法,在政治、经济、公共卫生方面都具有重要意义。对仿制药科学监管及制定科学合理的仿制药政策对我国药品安全意义重大[4]。

我国是仿制药大国,95%以上的化学药品是仿制药,仿制药质量一直以来备受争议[5]。据丁香园2014年一项有关仿制药调查,87.5%的医生或者药师($n=2185$)认为进口原研药质量更好,近七成的医生认为原研药安全性更高。在处方习惯方面,近八成的医生更愿意用处方原研药。在处方仿制药考虑的因素中,81.6%医生选择了患者的经济状况,药品疗效和安全性分别占比为79.4%和73.2%[6]。仿制药所占市场份额较大的原因是因为价格低廉及广泛供应,满足了人民群众药品获得性和可负担性的要求。仿制药对于我国医疗卫生保健做出了巨大贡献,但这里面也隐含了质量不高的风险。

党的十八大以来，新一届政府高度重视食品药品安全等民生问题，推行简政放权、产业升级等一系列改革举措。医药领域内，国务院及国家食品药品监督管理总局（China Food Drug Administration，CFDA）积极推行药品审评审批制度改革及仿制药质量一致性评价等措施。《国家药品安全"十二五"规划》（2012）中提出：对2007年修订的《药品注册管理办法》施行前批准的仿制药，分期分批与被仿制药进行质量一致性评价[7]。2015年，国务院发布《关于改革药品医疗器械审评审批制度的意见》，该文件指出随着医药产业快速发展，药品医疗器械审评审批存在一些突出问题，如审批挤压、仿制药申请、部分仿制药质量与国际先进水平存在较大差距等，对药品审评审批改革提出了目标、任务和保障措施[8]。2016年5月，国务院总理李克强主持召开会议部署推进供给侧改革，要求企业牢固树立质量第一、信誉为本的经营理念，提升民众对中国制造的信任度和认可度[9]。2017年，中共中央办公厅、国务院办公厅联合发布了《关于深化审评审批制度改革鼓励药品医疗器械创新的意见》（国务院公报2017年第29号），对临床试验的管理、建立上市药品目录集、完善技术审评等做出规定，使得医药领域改革往更深方向发展[10]。

因此，在药品审评审批改革和供给侧改革背景下，《药品管理法》及《药品注册管理办法》的修订，仿制药一致性评价政策改革对我国仿制药质量的提升、化学制药行业水平的提升、仿制药的可获得性、医疗保险资金的节约及民生问题等具有积极和重要的意义。

1.2 研究目的和意义

①仿制药一致性评价政策关系到国内仿制药企业的生死存亡，关系到仿制药可获得性及药品安全战略，关系到每一位公众基本健康权的保障。

②对仿制药质量和疗效一致性评价政策改革进行监测和分析，梳理政策改革进程，针对该政策改革的重点和难点提供解决对策和建议。

③为我国仿制药企业提升质量提供理论依据及实证结果。探讨我国仿制药质量和原研药差异的现状及影响仿制药质量的因素。

④世界各国医疗费用不断增长已成为财政的重要负担，本课题的研究为后续我国医保支付政策的调整、仿制药制度完善、中药注射剂一致性评价等提供决策参考。

⑤为后续的研究提供基础，如真实世界证据研究，从而建立大数据库进

1.3 国内外研究现状及文献综述

1.3.1 仿制药与原研药体外溶出试验、体内 BE 试验

(1) 马来酸依那普利

孙婷等(2014)通过体外方法比较了国内外不同厂家马来酸依那普利片在4种溶出介质中的溶出曲线，结果显示：国外原研药在4种溶出介质中的溶出曲线基本一致，国内仿制药只有1家企业与原研药类似，另外2家企业的产品与原研药溶出曲线差异较大[11]。

(2) 二甲双胍

门鹏等[12](2016)对国内二甲双胍与原研药格华止的文献进行综述，按照体外溶出试验、生物等效性(Bioequivalence, BE)试验和临床随机对照试验(Randomized Controlled Trials, RCTs)3种类型分别纳入7、10、5篇研究。结果显示：国产制剂与格华止体外溶出存在显著差异，部分BE试验显示不等效。

张丹等测试了4个厂家的二甲双胍肠溶片体外释放度，以原研药格华止为参比制剂计算生物利用度及生物等效性，结果4个厂家的产品在缓冲液中体外释放符合药典标准，显示受试制剂2和参比制剂间T_{max}差异有统计学意义，A厂家不能判定是否与原研具有生物等效性，D厂家与原研则不具有生物等效性[13]。张丹等通过实验中24名健康男性受试者空腹口服2个制药厂的受试制剂和参比制剂500 mg后测得二甲双胍片的主要药动学参数，结果显示2种受试制剂与原研药生物等效[14]。

(3) 硝苯地平生物等效性研究

共检索到8篇有关硝苯地平生物等效性研究。任秀华等[15]通过实验中44名健康受试者口服单剂量或者多剂量30 mg硝苯地平原研药和仿制药后，结果显示仿制药和原研药具有生物等效性。周新腾等[16]在多剂量口服硝苯地平控释片的人体药动学及生物等效性研究中，参与的24名男性健康受试者随机交叉给药，分别每天口服30 mg试验制剂或参比制剂，连续服用7天。结果显示受试制剂和参比制剂为生物等效制剂。葛庆华等[17]在国产硝苯地平控释片的药动学和生物等效性研究中，入选的18名健康男性受试者

单剂量或者多剂量口服 30 mg 国产硝苯地平和进口硝苯地平，结果显示国产和进口硝苯地平具有生物等效性。另有几篇[18-22]生物等效性研究结果显示硝苯地平仿制药与原研药具有生物等效性。

（4）辛伐他汀生物等效性研究

共检索到 4 篇辛伐他汀生物等效性研究。付琴琴等[23]在国产辛伐他汀片与原研制剂的生物等效性研究研究结果显示 2 种制剂吸收程度有差异，不具有生物等效性。张成志等[24]研究、于洋等[25]研究、刘鹏等[26]研究均显示 2 种制剂具有生物等效性。

在仿制药与原研药生物等效性试验检索结果中记录不良反应方面的报告共有 3 篇。其中，孙素珂等[27]在 2 种帕罗西汀片剂生物等效性试验中不良事件的比较中发现 36 例不良反应事件，其中轻度 33 例、中度 3 例，其中仿制药不良反应发生率为 30.0%、原研药不良反应发生率为 21.13%，无严重不良反应事件。张丹等[14]在盐酸二甲双胍片上市后人体生物等效性再评价中报告了 24 名入组受试者均完成试验，其中有 10 人发生 13 次不良事件，均为轻度不良反应。连玉菲[18]研究发现健康受试者体内硝苯地平缓释片生物利用度（Bioavailability，BA）和 BE 研究试验期间，第一周期和第二周期均有 12 例出现不良事件，1 例较严重，1 例中度不良反应，其余均为轻度不良反应，且参比制剂和受试制剂发生的不良反应无显著性差异。

1.3.2　仿制药一致性评价相关政策研究

谢沐风[28]（2005）介绍了日本"药品品质再评价"工程实施细则、发展历程和所带来的影响及日本《医疗用医药品品质情报集》（参比制剂目录橙皮书）内容，阐述了日本采用体外溶出试验评价仿制药，提升仿制药制剂水平。认为溶出试验条件设置科学、合理，溶出试验和体内生物等效性试验则具有一定的相关性，特别是对于一些年老的、体内胃酸缺乏的患者，则更具有代表意义。

牛剑钊等[29]（2013）、宋春黎等[30]（2014）、郑洁等[31]（2014）对日本仿制药一致性评价政策起源、过程、结果进行了介绍和分析，日本采用制剂在 4 种不同溶出介质①溶出曲线的比较来评价仿制药与原研药质量的一致

---

① a. 日本药典纯化水；b. pH 6.8 磷酸盐缓冲液；c. pH 4.0 醋酸盐缓冲液；d. pH 1.2 溶液（取氯化钠 2 g，加水适量溶解，加盐酸 7 mL，再加水稀释至 1000 mL，即得）。

性,通过"药品品质再评价工程",促进仿制药企业加大与原研药对比研究,改进生产工艺,提高了仿制药质量。

林兰等[32](2013)对日本历史上3次仿制药一致性评价改革进行回顾,并对美国食品药品管理局(Food Drug Administration,FDA)1962年药物有效性执行项目(Drug Efficacy Study Implementation,DESI)做了简要阐述,介绍了美国橙皮书制度——《经治疗等同性评价批准的药品》,建议建立我国溶出度研究技术体系和橙皮书制度及相关配套政策。

冯毅等[33](2016)在《关于我国仿制药质量一致性评价的研究及建议》中,则提出仿制药一致性评价工作存在三大问题:忽视药品质量体系的重要性、缺乏法定参比制剂、将体外溶出作为主要评价方法等。目前,我国的法律对参比制剂规定的不足导致了目前已上市的18万个药品批准文号在法律上各自独立,文号所载同一品种的产品之间(相同化合物)缺乏法律和科学数据的关联。

刘昌孝[3](2016)从仿制药是世界各国需求的主体,也是国家药品安全战略的重要组成部分。提出健全国家药品标准体系,加强科学监管,应对一致性评价政策所带来的供给侧改革的挑战,但一致性评价一个品种只批3家药企生产对于中国作为人口大国及疾病高发国,将可能带来市场短缺的严重后果。

丁锦希等[34](2017)对仿制药一致性评价的品种数进行分析,我国首批一致性评价共289个品种,所涉及的批准文号17 740个,其中59个品种的单个产品批准文号在1~3个,61个品种的单个产品批文号在4~9个,单个品种批准文号数量100~499个的有38个,目录中大部分品种所涉批准文号较多,市场竞争较为激烈。首批开展仿制药一致性评价涉及企业的范围较广,时限短,造成一致性评价审评通道拥挤,资源和品种矛盾突出。

许鸣镝等[35](2018)对仿制药一致性评价参比制剂备案平台数据进行分析,结果显示:参比制剂备案品种覆盖率较高,品种备案情况地区性差异较大。自2016年参比制剂备案系统运行以来,截至2017年8月20日,共有679家企业在平台成功备案了参比制剂信息。

以"仿制药一致性评价"为主题,在中国知网检索情况如图1-1所示。从该图可以看出,仿制药一致性评价相关主题文献从2012年开始出现,在2016年、2017年分别达到70、98篇,出现了一个高峰期,2018年数据截至12月共有64篇。

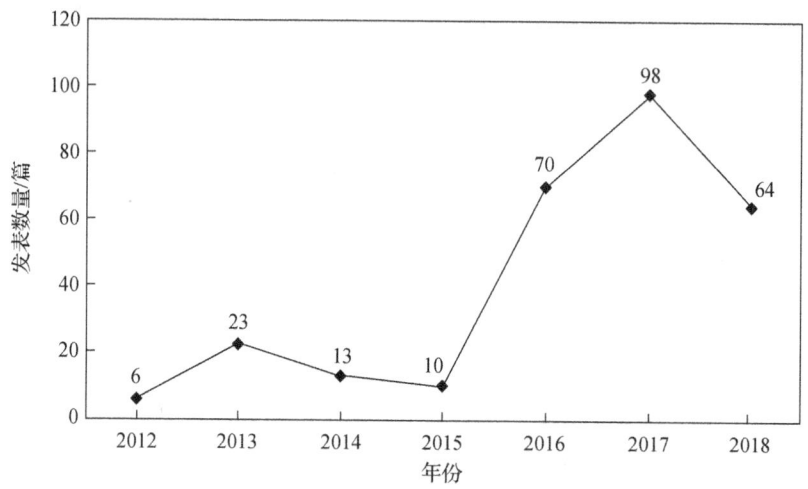

图1-1　2012年1月至2018年12月仿制药一致性评价文献发表情况

1.3.3　仿制药及参比制剂研究

世界范围内，药品监管机构面临仿制药审评压力越来越大，各国及组织的仿制药监管机构寻求合作以减轻审评压力，提高审评效率。在此背景下，国际仿制药监管项目（International Generic Drugs Regulators Program，IGDRP）[36]在2012年4月成立，包括中国在内共有13个国家及地区组织。

Barbara D，April C. B 等[37]依据IGDRP成员国、地区组织的《生物利用度及生物等效性指南》（以下简称指南）中对技术标准规定的相似性和不同进行了比较。仿制药界定的要素中，药学等效是一个共同要素。参比制剂定义要素中，经过主管部门审批，首次获得上市许可，基于良好安全性、有效性和质量的证明，另外强调可获得性。欧盟、瑞士、澳大利亚、加拿大、中国台湾、墨西哥、巴西都强调是在本国或地区市场上销售的并且可以获得。各国发布的指导原则虽不具有法律效力，但是作为药品审评人员及企业参考的、评审药品衡量尺度的政策性文件，起到审评标准和透明度作用[38]。

参比制剂作为仿制药一致性评价的关键点，是仿制药审评中的重要参照物，对其界定直接决定仿制药的质量。强桂芬等[39]（2011）指出我国目前仿制药BE试验中参比制剂选择不统一将会造成生物利用度（Bioavailability，BA）远超过80%~125%标准。《关于改革药品医疗器械审评审批制度的意见》(国发〔2015〕44号)中明确提出,仿制药审评审批要以原研药品作为参比制剂。

陈泊颖等[40](2016)对首批一致性评价的289个品种,检索美国、日本和WHO橙皮书,与国外参比制剂匹配的有126个,没有明确参比制剂的有89个,建议政府建立科学有效的参比制剂评价指标。

美国橙皮书中规定具备以下5个条件才能确定为治疗等同性:①因为安全、有效被批准;②具有药学等效;③生物等效;④标签信息说明充分;⑤符合GMP[41]。

美国《联邦法规》21CFR320.1对药学等效的定义是:药学等效意味着该药品与参比制剂具有相同剂型,包含相同的活性成分,且活性成分的量也一样,例如,包含相同治疗成分的同样的盐或者酯,并不一定包含相同的非活性成分;性质、规格、质量、纯度,包括效能、含量均匀度、崩解时限及溶出度等都满足相同药典或者其他合适的标准[42]。美国《联邦法规》21CFR320.24中规定了《生物利用度及生物等效性要求》(Bioavailability and Bioequivalence Requirements,BA and BE),BA或BE可以通过体内或体外的方法进行测定或验证。FDA可以要求体内或者体外试验,或者要求二者兼有,以衡量一种药品的BA或者建立特定药品的BE[43]。

Kesselheim,Aaron S等[44]对FDA通过修改的法规路径批准的6个仿制药进行分析。特定产品的审批主要是基于以下2种情况:一是体内BE试验与该产品不存在相关性;二是该产品有复杂的化学分子结构要求量身定做的BE试验。FDA审批阿卡波糖仿制药采用体外溶出试验,因为该药在肠道发挥作用,全身吸收不到2%。首仿药企业注册时做了体内生物等效性试验及体外试验,它请愿要求其他企业也进行BE。FDA咨询了科学委员会后认为只要进行体外试验即可。FDA通过特定产品的生物等效性将科学工作结果转化为仿制药产品研发,通过科学监管促进仿制药开发,这也为一致性评价提供了科学监管思路。

从以上研究可以得知,药学等效及BE等效是判定仿制药治疗等效的替代指标。作为仿制药上市的金标准,对加快仿制药审批、促进公众获得低价格的仿制药意义重大。但是,BE试验具有一定的局限性。由于伦理和研究的考虑,BE试验大多是在18~24例健康受试者身上进行的,而药品上市后使用对象多为老人及疾病患者,药物在2种不同人群体内的代谢情况将有较大差别,BE试验的人数也较少。

Roger Bate 等[45]认为美国《药品价格竞争和专利期恢复法案》（Hatch-Waxman 法案）已经过时了，原因是该法案自1984年发布以来对仿制药审批条件几乎没有变动，而现在制药技术已经发生了很大变化。

1.3.4 仿制药上市后与原研药临床疗效及安全性评价系统综述

世界各地不同的研究人员在临床试验的设计、对象选择、统计等方面不尽相同，因此，研究结果也可能存在千差万别，这会对结论形成产生不确定因素。在此背景下，系统评价（Systematic Review，SR）应运而生。SR是指全面收集符合纳入与排除标准的试验研究，用科学的方法减少偏倚，提供可靠研究结果，为决策提供依据。Meta 分析（Meta Analyst）采用定量合成的统计学方法来进行系统综述，是一种定量系统评价。系统综述和 Meta 分析是近年来发展较快的循证医学研究方法，作为临床研究最高级别的证据等级，对于临床决策提供有力的证据支持，这一方法近年来在评价仿制药与原研药的临床效果和不良反应方面亦有不少研究。

Aaron S. Kesselheim[46]（2008）对心血管疾病（Cardiovascular Diseases，CVDs）仿制药和原研药临床研究进行了 Meta 分析（1984—2008），共纳入47篇文献，38篇是随机对照临床试验（Randomized Controlled Trials，RCTs），涵盖了9种治疗心血管的药物。结果显示：总效应值（$n=837$）为 -0.03（95% CI，$-0.15 \sim 0.08$），没有证据显示原研药优于仿制药。狭窄治疗窗药物在6项 RCTs 中评价为等效。

Manzoli L[47]（2016）同样进行了心血管类仿制药与原研药的文献综述和 Meta 分析，纳入74项 RCTs，结果显示：无论是严重的效应结果（如主要的心血管事件或者死亡），还是轻微的效应结果（如血压或低密度脂蛋白的减少），原研药和仿制药之间没有差异。除了2项临床试验之外，在不良反应上原研药和仿制药没有差异。

蔡晓容等[48]（2016）进行了阿托伐他汀仿制药和原研药的疗效与安全性系统评价，共纳入16例 RCTs，2077名患者。结果显示：阿托伐他汀仿制药与原研药在降低血脂方面和不良反应发生率方面无显著差异。

以上研究的局限是不同国家之间没有做亚组分析，可能隐含不同国家或地区仿制药质量差异造成数据平均性的偏倚。

高亚等[49]（2017）采用 Meta 分析法对国产与进口硝苯地平进行疗效和安全性系统综述，纳入2篇 BE 研究、5篇体外释放或溶出试验研究、12篇

RCTs，纳入病例1247例（国产组628例、进口组619例）。研究显示：硝苯地平国产与进口生物等效，国产硝苯地平和进口硝苯地平在溶出度方面存在显著差异；国产和进口硝苯地平治疗高血压的疗效上无统计学差异，不良反应率的合并效应量为：OR = 1.60，95% CI（1.14，2.24），$P = 0.006 < 0.05$，差异存在统计学意义，国产硝苯地平的不良反应率大于进口硝苯地平。但总体12篇纳入研究文献质量不高，因此，结论的有效性需要进一步高质量文献的验证。

1.3.5 医生、药师和患者对仿制药信任度的研究

2013年，美国仿制药占所有处方的84%，一些医生和患者对仿制药仍然不信任[50]。《美国仿制药年度报告（2015）》[51]提出要增加临床医师对仿制药信任度项目的支持。

在日本，2012年由日本卫生劳动和福利部对987名医生及1332名患者进行的一项调查显示，17.2%的医生和37.2%的患者没有使用过仿制药。对于"不处方仿制药的原因"，对质量有疑问的占受访者的70%以上，其次是对疗效持有疑虑、副作用、信息不充分等。尽管医生同意替换仿制药并有签名，84.5%的患者不想改变处方[52]。尽管日本实施了3次大的"药品品质再评价工程"，促进了仿制药企业改进生产工艺，提高药品质量，但是仿制药的信任度仍然较低。因此，我们可以看出，产品质量的客观测量和主观测量之间存在较大鸿沟。

即使在仿制药监管良好的国家，临床医生和患者对仿制药的信任度仍然较低，而仿制药信任是成功仿制药政策的三大要素之一。因此，在我国仿制药政策改革中，提升我国医师、药师和公众对仿制药的信任度也是重要举措之一。在一个国家中，成功实施仿制药政策的因素如图1-2所示。

1.3.6 仿制药价格、可获得性、可负担性的研究

药品的可及性是衡量药物政策的重要指标之一。20世纪90年代中期开始，提高药品的可及性被认为是消灭贫穷的重要内容之一。WHO总结出提高药品的可及性取决于4个要素：药品的合理选择与使用、可负担的药品价格、政府持续的资金支持、可靠的药品供应体系。一些国家开始进行药品价格测量并进行不同国家和地区的比较。而统一的测量方法成为国际比较的重要桥梁。2001年，世界卫生组织/国际健康行动机构（WHO/HAI）开始建

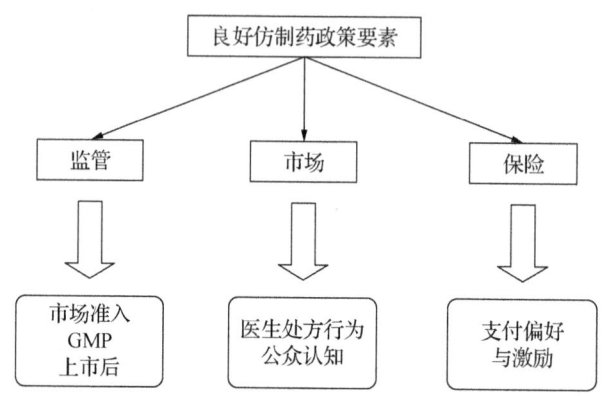

图1-2 良好的仿制药政策包含要素

立统一的测量方法,以分析不同国家和地区的药品价格信息,并将调查的数据结果进行公布,为各国药物政策的制定提供依据。2003年,WHO/HAI发布了第1版的药品价格手册(指南)。截至2007年年底,全球进行了超过50项调查,基于这些调查的经验,2008年指南的第2版发行[53]。

该调查指南英文版有300多页[54],其核心的内容是3项指标:一是可获得性,是指调查时能提供某种药品的机构占被调查者的比例。二是中位价格比,指某种药品单位价格的中位数与该药品国际参考价格的比值,主要用于衡量被调查地区的药品价格是否高于或低于国际参考价格。美国卫生管理科学中心会定期公布最新的药品国际参考价格,可以直接在HAI的官网下载,选取好目录药品后,在Excel中会显示最新的价格数据。一般认为该比值应该小于2比较合理。

$$中位价格比(MPR) = \frac{某一药品价格的中位数}{国际参考价格} \quad (1-1)$$

三是可负担性,是指治疗某种疾病在一个疗程内(急性病7天,慢性病30天)治疗总费用(按照国际治疗指南使用标准剂量)除以政府非技术人员最低日薪的值。一般认为该比值小于1可负担性较好。

$$可负担性 = \frac{药品总费用}{最低日薪} \quad (1-2)$$

该指南发布以来,依据该方法在我国进行了5项研究。山东大学孙强教授(2004)[55]依据该方法在山东公立医院和药店进行了39种药品调研,24

种是 WHO/HAI 核心药品目录，15 种是补充目录的药品。结果显示被调查药品的可获得性都极低。原研药和仿制药之间存极大的价格差异。在私立医药部门，原研药是最低价格的仿制药的 14 倍，在公立医药部门，原研药是最低价格的仿制药的 4 倍。一些药品对于普通公众是不能承担的。对于糖尿病患者而言，一个月的治疗费用是其 29 天工资。

复旦大学叶露（2006）[56]在上海进行了类似研究，结果显示：公立和私立医药部门中原研药和仿制药的可获得性都较低，原研价格比仿制药价格高得多，私立部门的药品价格低于公立部门，一些常见病，尤其是非传染性疾病如高血压、糖尿病可负担性较重。

Yang H 等（2010）[57]在湖北农村地区对基本药物的价格、可获得性、可负担性进行了研究，结果显示：最低价格的仿制药的可获得性较低，约为 40%，原研药零售价的 MPR 值为 11.25（公立部门）和 19.94（私立部门），最低价格的仿制药 MPR 值为 1.04（公立部门）和 0.68（私立部门）。对于大部分人，药品是可以负担的，但对于低收入人群，这些药品是难以负担的。

Jiang M 等（2013）[58]于 2010 年在陕西省 6 个城市对 47 种药品进行了此类研究。结果显示：原研药和仿制药的可获得性较低，私立机构中原研药和最低价格的仿制药 MPR 值分别为 8.36 和 1.53。公立机构最低价格的仿制药在大多数情况可负担性是合理的（治疗费用低于 1 天的工资），氨氯地平、硝苯地平、辛伐他汀、双氯芬酸钠除外。

北京大学管晓东等（2013）[59]采用改进后的方法对东、中、西部 3 个地区，每个地区选取 30 家三级医院、30 家基层医疗卫生机构和 60 家药店作为调查机构进行了基本药物可获得性的试验，结果显示 30 种仿制药可获得性为 56.7%~83.3%，调查药品在三级医院的可获性明显高于基层医疗卫生机构和药店，原研药可获得性较低。该研究同时指出，以往的可获得性研究方法固定药品的剂量规格，可获得性较低，这与实际情况不符。

在以上研究中，关于原研药价格的 MPR 值都较高，最高达 19.94，最低达 8.36。我们可以看出，与国际参考价格相比，我国原研药的价格远高于国际参考价格，而仿制药价格是较为合理的区间。同时也表明，我国仿制药市场繁荣，品种规格多，虽价格低廉，但并未对原研药形成有效的竞争和降低作用。一方面，表明我国仿制药质量确实未达到与原研药相同水平，从而在价格上面反映出来；另一方面，也可能是仿制药在我国医生、药师和患者中信任度较低。

1.4 研究方法

1.4.1 文献研究

以"仿制药""原研药""品牌药""进口药""一致性评价""有效性评价"，Generic Drug、Brand-name Drug、Quality Evaluation，DESI，Consistency Evaluation等为中英文关键词检索中国知网、万方、维普科技期刊网、Web of Science、Springer、Science Direct、Pubmed等中英文数据库，以及IGDRP成员国及组织如FDA、欧洲药品管理局EMA、TGA、东盟等网站，查找仿制药相关支持、仿制药一致性评价政策等相关文献，进而进行整理、分析、归纳、比较和总结。

1.4.2 理论研究

对仿制药科学监管及质量源于设计QbD、政策改革理论进行研究，探讨其在我国仿一致性评价政策改革中的应用，对政策进程、透明度、科学性、合理性等进行研究。

1.4.3 比较研究

阐述、分析世界他国仿制药管理制度及仿制药再评价政策，对比我国仿制药一致性评价政策，分析政策背景、政策内容、评价方法等方面的异同，对其中一些共同点进行归纳、总结，以对我国仿制药一致性评价政策改革提供借鉴。依据CFDA及各国、世界卫生组织等发布的仿制药相关的指导原则（如各国的仿制药生物利用度与生物等效性指南，WHO药物制剂规格专家委员会技术报告及指南等）进行研究，从技术规范的角度研究制度、政策等具体实际操作标准。

1.4.4 问卷调研

问卷设计及调研。主要分为两个部分：一是基于世界卫生组织下属欧洲卫生体制和政策改革观察组织（European Observatory on Health Systems and Policies）2010年制定的卫生改革监测调查方法——《关于卫生政策发展的国际监测调查问卷（2010版）》。该问卷以定性研究为主，主要内容为：政策出台的政治、经济背景，政策目的，主要利益相关者分析，政策的主要推动力及影响力，按照问卷的调查结构和框架对我国仿制药一致性评价政策改革进行监测分析。二是自行设计问卷，针对临床医生、药师对仿制药态度、倾向及一致性评价政策改革的看法、观点、支持度等进行问卷调查，对调查结果进行数据处理及分析。

1.4.5 统计分析

对问卷调查的结果进行描述性统计分析及二元 Logistic 回归分析。线性回归分析要求因变量 Y 是定距变量（Interval Variable），为连续性变量。如果因变量是定性数据，如疾病的发生率、发生或者不发生、死亡率、死亡或者不死亡等，具有共同的特点，即可以归纳为"是"和"否"，这种仅有两类可能结果的数据称为二分类数据（Binary Data），对应的变量称为二分类变量（Binary Variable）。这种情况可以适用 Logistic 模型。在该模型中，自变量可以是连续性变量，也可以是分类变量。Logistic 回归为概率型非线性回归模型，可以用来研究某些因素条件下某个结果是否发生，通过 Logistic 回归分析，可以得到自变量的权重，从而可以了解自变量中哪些因素对因变量的影响最大、最相关。

Logistic 回归模型是一个概率型模型，利用它预测某事件发生的概率。概率值一般在（0，1）范围内，在建立 P 与影响因素的模型时，通常需要进行对数的变换：

$$\text{logit}(P) = \beta_0 + \beta_1 x_1 + \cdots + \beta_p x_p, \quad (1\text{-}3)$$

由上式可推得：

$$P = \frac{\exp(\beta_0 + \beta_1 x_1 + \cdots + \beta_p x_p)}{1 + \exp(\beta_0 + \beta_1 x_1 + \cdots + \beta_p x_p)} \quad 1 - P = \frac{1}{1 + \exp(\beta_0 + \beta_1 x_1 + \cdots + \beta_p x_p)}$$

$$(1\text{-}4)$$

Logistic 回归模型的适用有以下 3 个条件：一是因变量为二分类变量；二是残差和因变量服从二项分布，使用最大似然法来进行估计和检验；三是自变量和 Logistic 概率是线性关系。

1.5 研究内容与框架

1.5.1 研究内容

(1) 仿制药质量和疗效一致性评价政策的国际比较研究

仿制药一致性评价政策的外部动因主要来源于美、日等国家一致性评价政策的借鉴。因此，对美、日仿制药一致性评价政策进行历史回顾和对比分析，为我国仿制药一致性评价政策提供思路、借鉴。主要从政策出台背景、政策目标、评价方法、实施主体、政策效果及影响力、配套措施等进行比较与分析。

仿制药质量和疗效一致性评价政策实质是对仿制药上市后再评价及仿制药市场准入政策综合，是历史发展中的阶段性政策。本研究将对 IGRDP 成员国及组织相关政策进行比较研究，为完善我国仿制药一致性评价政策提供建议。仿制药一致性评价政策作为阶段性政策，在立法和制度层面要具有前瞻性，未来在审评阶段就要完成。参考国外立法，研究我国仿制药注册中欺诈法律制度。仿制药上市后安全性、有效性再评价需要大数据（Big Data, BD）支撑。美国前哨系统计划就是基于健康大数据的系统，覆盖1.78亿人口。该系统可以加强新上市的仿制药疗效和安全性评价。成功实施仿制药政策的3个要素：严格监管（生物等效、GMP），市场（仿制药信任、使用），保险。本研究对前2个要素进行了深入研究。

此外，仿制药一致性评价所采用的方法主要是仿制药审评审批的方法，因此，各国的仿制药市场准入制度及生物利用度和生物等效性指南的研究对我国仿制药一致性评价亦有借鉴意义。

(2) 仿制药一致性评价政策改革之透明度研究

信息透明和公开是政府治理领域研究热点之一，作为增加公众信任度的重要途径，各国立法中增加了药品审评中信息透明的内容。如欧洲药品管理局和澳大利亚治疗产品管理局从 1995 年和 2009 年开始出版药品审评公共评估报告，公开药品审评审批决策过程的科学依据及透明度，有关企业商业秘密的信息可删除[60]。Barbara M D 等对 FDA12 年来（1996—2007）审批的口服固体制剂仿制药 BE 数据进行回顾性分析，通过对仿制药和原研药最大血药浓度 C_{max}、药时曲线面积 AUC 之比 GMRs（Geometric Mean Ratios）的分析，来验证仿制药审批的科学依据[61]。日本药品审评中心（PMDA）按照《国家机关相关信息公开法》公开仿制药审评的详细信息，如包含固体制剂的药学研究、辅料、BE 试验的所有数据和结果等。本书对仿制药一致性评价过程中信息透明进行监测和分析[62]。

（3）仿制药一致性评价政策改革监测研究

利益相关者分析方法是广泛应用于卫生改革领域中分析方法。政策改革中对利益相关者分析将有助于发现、评估政策改革中存在的问题，探求解决路径，完善政策及推行。本书对仿制药一致性评价中的主要利益相关者进行调研，政策支持度按照 5 个层级进行评价：非常支持、支持、中立、反对、强烈反对。基于政策改革理论对改革的背景、政策的试点、政策进程、政策的变更、政策评价等进行分析。对仿制药一致性评价中参比制剂备案情况进行数据分析，对已获批的 96 个品种规格进行细分，按照是否属于 289 个品种目录进行分类研究，探讨 289 个品种基本药物通过情况低的原因，以及按照企业通过品种数量的多少进行分析等，从定量数据分析一致性评价的进程、遇到的困难，探讨一致性评价中出现的相关问题，并提出对策建议。

（4）实证研究

对我国仿制药质量影响因素、仿制药临床使用中的疗效及不良反应、仿制药一致性评价政策的看法和观点等进行调研，并对调研数据进行描述性分析和二元逻辑斯特回归分析，为政策改革提供定量依据。

仿制药一致性评价政策研究

1.5.2 研究思路与框架

本课题研究思路与框架，如图1-3所示。

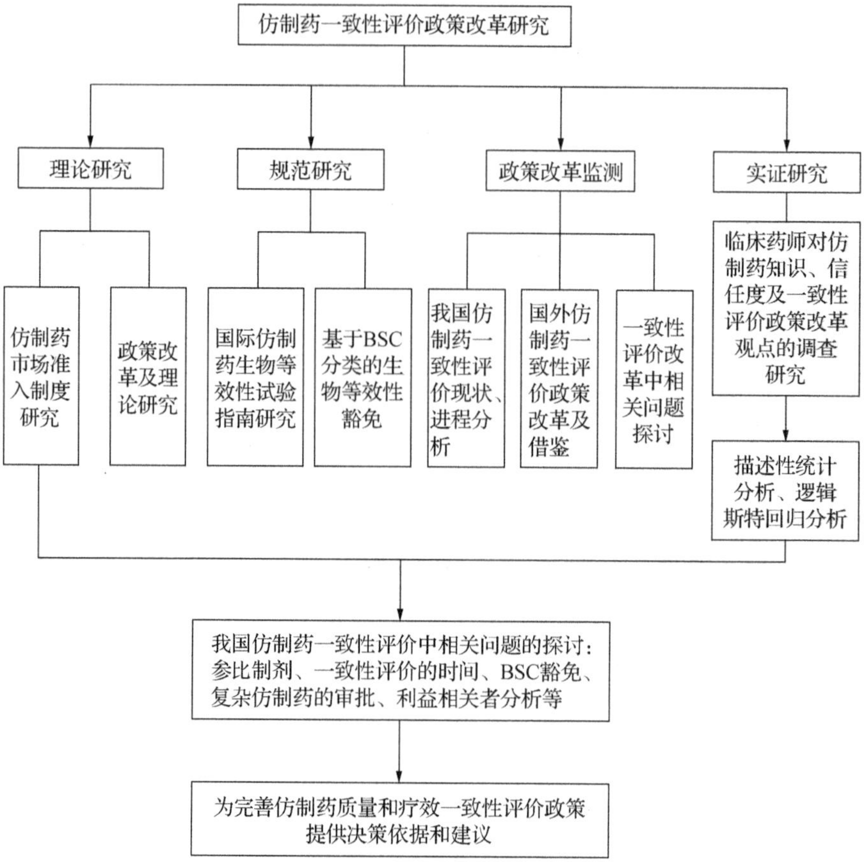

图 1-3 研究思路与框架

第二章 相关概念及理论

2.1 相关概念

2.1.1 仿制药、参比制剂、标准制剂

(1) 国际仿制药监管机构项目（International Generic Drugs Regulators Program，IGDRP）成员国及地区生物利用度及生物等效性指南中对仿制药的界定

全世界范围内，药品监管机构面临的仿制药审评压力越来越大，各国及组织的仿制药监管部门寻求合作以减轻审评压力，提高仿制药审评效率。在此背景下，国际仿制药监管机构项目在2012年4月成立[36]，该项目参与国家中既包括美国、欧盟、日本等制药发达国家或地区组织，也包括中国、巴西、新加坡、韩国等发展中国家。Barbara D，April C.B 等依据IGDRP成员国、地区或组织的口服药物生物利用度及生物等效性指南相似处和不同处进行比较[37]。本书结合文献资料及各成员国、地区或组织官网检索情况，对各国及国际组织仿制药及参比制剂定义进行对比，并提取共同要素，以对我国仿制药及参比制剂的界定提供参考，如表2-1、表2-2所示。

表2-1 仿制药定义的国际比较

	地区、组织	指南中界定	指南及发布时间
发达国家、地区组织及WHO	美国	仿制药必须与参比制剂具有药学等效性（Pharmaceutical Equivalent）	《口服制剂生物利用度以及生物等效性研究总则》2003年3月

续表

	地区、组织	指南中界定	指南及发布时间
发达国家、地区组织及WHO	欧盟	与参比制剂具有相同定性及定量活性成分的组成及相同剂型,并且已经通过合适的生物利用度研究证明与参比制剂有生物等效性。同一活性物质不同的盐、酯、醚、同分异构体或者同分异构体的混合物,配合物或衍生物都被视为相同活性成分,除非它们在有效性或安全性上显示出显著不同	《生物等效性研究指南》2010年1月,《口服及透皮缓释制剂指南说明》1999年7月
	瑞士	一种可以替代的仿制药必须与参比制剂具有药学等效。同一活性成分不同的盐、酯、醚、同分异构体或者同分异构体的混合物,配合物或衍生物都被视为相同活性成分,除非它们在安全性或有效性方面有显著不同的性质	按照EMA《生物等效性研究指南及注释》2010年1月
	日本	仿制药是指其活性成分、剂型、规格、给药途径与原研药相同的产品	《仿制药生物等效性研究指南》2012年2月
	澳大利亚	仿制药应当是与参比制剂具有药学等效性	按照EMA《生物等效性研究指南及注释》2012年1月
	加拿大	仿制药必须是与参比制剂具有药学等效性的产品	《相对生物利用度标准:用于全身治疗的剂型》2012年5月,《相对生物利用度研究的试验及分析》2012年5月
	世界卫生组织	仿制药是一种药品,通常用于同创新药品可以互换,在过专利期后或者其他独占权后不需要经过创新药公司的许可即可生产	《多来源的仿制药:建立可互换性注册要求的指南》2015年

第二章 相关概念及理论

续表

	地区、组织	指南中界定	指南及发布时间
发展中国家及地区、组织等	中国	仿制药是指与参比制剂具有相同活性成分、剂型、给药途径和疗效的药品	《普通口服固体制剂参比制剂选择和确定指导原则》2016年3月
	中国台湾	包含相同的活性成分并且与批准的创新药品在剂型、规格、给药途径、质量特性及适应证具有可比性	《生物利用度/生物等效性研究指南》2009年4月
	墨西哥	必须与参比制剂具有药学等效	《证明药品可替代性研究计划递交指南》2012年12月
	新加坡/东盟	基本上相似的药物,定义为具有药学等效或者其他可替代的制剂产品	东南亚联盟《生物利用度及生物等效性研究指南》2004年7月
	韩国	活性成分及给药途径与参比制剂相同的产品	《生物等效性研究指南文件》2008年12月
	巴西	与参比制剂具有相同的活性物质、剂型、给药途径、剂量及适应证	《药品相对生物利用/生物等效性试验指南》2003年5月

从表2-1可以看出,大多数国家指南中对仿制药定义包含以下2个要素。
①与参比制剂具有药学等效;
②与参比制剂可以互换。

从这2个要素中可以看出对仿制药界定中都离不开参比制剂。因此,对参比制剂的界定是决定仿制药定义的首要前提,其次是药学等效及可互换性。

美国《联邦法规》21CFR320.1[42]对药学等效的定义是:药学等效意味着该药品与参比制剂具有相同剂型,包含相同的活性成分,且活性成分的量也一样,如包含相同治疗成分的同样的盐或者酯,并不一定包含相同的非活性成分。性质、规格、质量、浓度,包括效能、含量均匀度、崩解时限及溶出度(在适用的情况下)等都满足相同药典或者其他合适的标准。

大多数国家对药学等效的界定都为包含相同活性成分、相同含量、相同剂型及给药途径。加拿大将药学等效定义为可以比较的剂型而不是相同剂型。加拿大《食品药品法规》Section C.08.001.1 中规定："药学等效含义为，与另外一种药品相比，包含相同活性成分、相同含量，可以比较的剂型。"

我国 2007 年《药品注册管理办法》将其按照新药注册中化学药品 1.3 类、4 类申报。2016 年《化学药品注册分类改革工作方案》中将其改为 2.1 类，即改良型新药，但要求必须"具有明显临床优势的原料药及其制剂"，强调新药研发临床应用目的，而非盲目改良新药增加医生和患者的选择成本。我国 2005 年发布的《化学药物制剂人体 BA 和 BE 研究技术指导原则》中，对基本类似药物（Essentially Similar Product）规定，2016 年发布的《以药动学参数为终点评价指标的化学药物仿制药人体 BE 研究技术指导原则》中已删除该内容。新加坡则采用东盟标准，与我国 2005 版指南中仿制药标准一致。

（2）IGDRP 成员国及地区生物利用度及生物等效性指南中对参比制剂的界定

从表 2-2 得知，在参比制剂的规定上，各个国家和地区的规定主要有以下几点。

①经过当地主管部门批准的；
②首次获得上市许可的；
③本国市场上销售的；
④基于良好的安全性、有效性和质量的证明。

表 2-2　IGDRP 成员国（地区）/组织生物等效性研究指南中参比制剂的定义

	国家（地区）、组织	参比制剂/原研药定义
发达国家、地区组织及 WHO	美国	由 FDA 确认的目录内药品，作为申请者在仿制药注册申请中参照的药品
	欧盟	基于完整的申报资料在欧盟获得上市许可的药品。如果该药品在市场上有几种剂型，参比制剂应当是首次批准用于临床有效性和安全性研究的剂型（假如可以获得）
	瑞士	原研药是指在瑞士获得上市许可，或者如果在瑞士以外上市，能证明具有与瑞士内原研药具有可比性
	日本	已经被批准为新药的药品，或者与之一致的药品

第二章 相关概念及理论

续表

	国家（地区）、组织	参比制剂/原研药定义
发达国家、地区组织及WHO	澳大利亚	仿制药应当参照澳大利亚境内购买的、领先的品牌药（原研药）。当通过合适的体外比较研究证明后，澳大利亚药品管理局会接受来源于境外原研药的BE试验，但是该方法不允许用于治疗窗窄的药物，复杂的或非线性药动学药物及高变异活性药物等
	加拿大	a. 必须依照加拿大法规颁布合规的通知，并且是由原研药企业在加拿大市场销售的 b. 卫生部认可的，能基于药学基础证明生物等效性，使用时生物利用度及药学特性按照法规要求与参比制剂进行了比较
	世界卫生组织	是一种用于多来源仿制药在临床实践中与其互换的药品，通常情况下是原研药，因为其安全性、有效性和质量已经确认
发展中国家及地区、组织	中国	参比制剂是指用于仿制药质量和疗效一致性评价的对照药品，通常为被仿制的对象，如原研药品或国际公认的同种药物。参比制剂应为处方工艺合理、质量稳定、疗效确切的药品
	中国台湾	总体上，原研药应当是在中国台湾销售或者是首次在中国台湾批准的
	墨西哥	在卫生部注册的药品，在商业上可以获得，按照法规要求的标准选择出来的
	新加坡/东盟	参比制剂是指一种原研药（创新药），是指基于完整的申请材料，包括化学、生物学、药剂学、药理学和毒理学及临床试验数据被授权上市销售的产品
	韩国	经批准（或经批准进口的药品），其安全性和有效性经过韩国药品监督管理局确认
	巴西	参比制剂必须是在巴西国家卫生监管局注册的产品，其安全性、有效性及质量有文件证明和支持，必须是在巴西市场上销售的

欧盟、瑞士、澳大利亚、加拿大、中国台湾、墨西哥、巴西都强调是在本国或地区市场上销售的并且可以获得。但也规定了例外情形，例如，澳大利亚、加拿大及瑞士允许使用在国外批准和销售的，前提是参比制剂符合一定严格的标准。

美国联邦法规 21 CFR 314.3（b）对参比制剂的定义为：参比制剂（Reference Listed Drug，RLD）是由 FDA 确认的，申请人在仿制药注册申请中所依赖用于获得审批的药品。橙皮书前言中解释为：总的来说，参比制剂意为一种药品，在 FDCA 法案 505（c）下基于完整的安全性和有效性研究报告批准的新药[63]。美国以橙皮书目录内的药物为参比制剂，但也规定了例外情形。如果仿制药与 FDA 选定的参比制剂在活性成分、剂型、规格、给药途径和适应证方面不同，申报者必须向 FDA 请愿、说明原因。根据《中国上市药品目录集》指南说明，参比制剂（RLD）是指在我国批准上市，用于仿制药注册申请的参照药品。通常是具有完整规范的安全性和有效性研究数据的药品。对具有相同活性成分、剂型、给药途径、规格的药品，由于释药机制或适应证等不同，可确定为不同的参比制剂[64]。该定义更为完善。另外，可以看出一些国家对参比制剂在当地市场上销售都做出规定，体现了对参比制剂可获得性的要求。

WHO《用于可互换、多来源药品（仿制药）等效性评价的参比制剂选择指南》中规定："原研药通常是最合理的参比制剂，因为其质量、安全性和有效性在上市前和上市后研究中已经进行了良好评价。"[65] 而且，原研药安全及有效性的数据能够链接到一种明确规格的产品。WHO 的橙皮书中也规定了例外情形："对一些不能确定原研药或者市场上不能获得原研药，参比制剂在国际上没有达成一致或者某些药品为国家所特有的品种，则可以选择与原研药具有等同疗效并在临床上使用时间较长的仿制药作为参比制剂。"[40] 参比制剂的可获得性问题必须重视，参比制剂的可获得性影响一致性评价的进程，进而影响到仿制药的可获得性问题。

（3）标准制剂

标准制剂（Reference Standard，RS）是指在我国批准上市，用于人体 BE 研究的对照药品。通常最大规格的参比制剂被确定为标准制剂，如果最大规格制剂在健康受试者中存在安全风险，可指定其他规格的制剂为标准制剂。为保证标准制剂的可获得性，必要时可指定新的标准制剂[64]。参比制剂和标准制剂由 CFDA 基于药品的安全性、有效性和质量可控性确定，必要时组织专家讨论。

2.1.2 生物利用度、生物等效性等相关概念

美国 FDA 发布的《经批准具有治疗等效性药品》（Approved Drug Products with Therapeutic Equivalence Evaluations）即橙皮书第二章治疗等效相关术语（Therapeutic Equivalence-Related Terms）对一些概念做了解释，本书采用其界定的一些术语。

（1）药品可替代性（Pharmaceutical Alternatives）

如果药品包含相同的活性成分，但是不同的盐、酯，或者该活性成分的组合物，或者是不同的剂型、规格（如 250 mg 盐酸四环素胶囊和 250 mg 磷酸四环素胶囊，200 mg 硫酸奎尼丁片和 200 mg 硫酸奎尼丁胶囊），则认为两者为药学替代品。

通常情况下，FDA 无法获取相关数据来确定一种药品的片剂和胶囊具有生物等效性。同一生产商生产的同一种药品的不同剂型和规格被认为是药学可替代品。

当与具有相同活性成分的速释产品或普通产品制剂进行比较时，一些缓释制剂也可以认为是药学可替代品。

（2）生物利用度

生物利用度（Bioavailability，BA）[66]是指药物经过肝脏首过效应后被吸收进入体循环的药物相对量和度，它与药物作用的强度和速度有关，是衡量药物制剂质量的一个重要指标。又分为绝对生物利用度（Absolute Bioavailability，Fabs）和相对生物利用度（Relative Bioavailability，Frel）。

绝对生物利用度是以血管外给药（口服、肺部、经皮、肌内注射给药等）的试验药物（Test Product）与静脉注射给药的参比制剂（通常认为静脉给药制剂的生物利用度为 100%）的 AUC 比值来表示，反映了给药途径对药物吸收的影响。

$$F_{abs} = \frac{AUC_T \times X_{iv}}{AUC_{iv} \times X_T} \times 100\% \qquad (2-1)$$

式中：AUC 代表血药浓度—时间曲线下面积，下标 T 和 iv 分别代表试验药物和静脉注射剂的参比制剂，X 代表给药剂量（受试药物应具备线性动力学特征）。

相对生物利用度是同一药物不同制剂之间给药后 AUC 的比值，主要反映某种固定给药途径下，与参比制剂相比，试验药物的剂型、处方和制备工

艺等对体内吸收的影响，集中体现了试验药物的体内质量。

$$F_{rel} = \frac{AUC_T \times X_R}{AUC_R \times X_T} \times 100\% \quad (2\text{-}2)$$

式中：下标 T 和 R 分别代表试验药物和参比制剂，X 代表给药剂量（受试药物应具备线性动力学特征）。

（3）生物等效性

生物等效性（Bioequivalency，BE）是指在同样试验条件下试验药物和参比制剂在体内吸收程度和速度的统计学差异。我国在2016年发布的BE研究指导原则[67]中对BE的定义为：在相似的试验条件下单次或多次给予相同剂量的试验药物后，受试制剂中药物的吸收速度和吸收程度与参比制剂的差异在可接受范围内。

（4）BA和BE的主要评价参数

①血药浓度—时间曲线下面积（Area Under the Curve，AUC），是指药时曲线与横坐标围成的面积，如图2-1所示，可用以计算生物利用度。

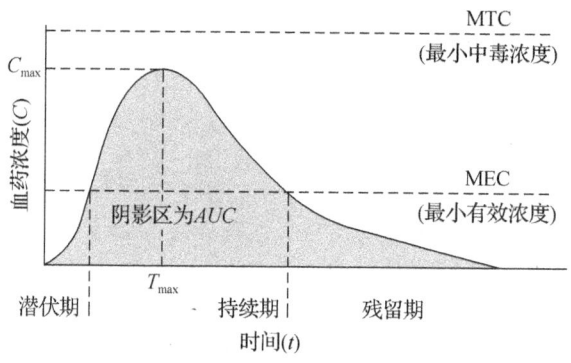

图2-1 单次血管外给药后药时曲线

②血浆药物峰浓度（Peak Concentration，C_{max}）。药物进入体内后，血药浓度呈现逐渐增加，达到最大浓度后，再逐渐降低。在这个过程中，给药后达到的最大血药浓度即为 C_{max}。C_{max} 反映了药物在体内的吸收速度和吸收程度。

③血药浓度达峰时间（Peak Time，T_{max}）。药物给药后达到最大血药浓度经过的时间。T_{max} 反映了药物进入人体内的吸收速度。T_{max} 越小说明药物进入人体所需时间较短，吸收的速度越快；T_{max} 越大说明药物进入人体所需

时间较长,吸收速度越慢。

④生物等效性评价参数。受试药物与参比制剂根据药物动力学参数进行统计分析,做出是否生物等效的评价。统计方法上,经常采用交叉设计方差分析,用双单侧检验和 $(1-2\alpha)$ 置信区间进行评价。AUC 和 C_{max} 先进行对数转换。在置信水平 $\alpha=0.05$ 时,受试药物 AUC 的 90% 可置信区间在参比制剂的 80% ~ 125% 范围内,C_{max} 的 90% 可置信区间在参比制剂的 70% ~ 143%,则可以认为受试药物与参比制剂具有生物等效性。

(5) 体外试验 (In Vitro Test)、体内试验 (In Vivo Test)

In Vitro 在拉丁语里的含义是"在玻璃里",指在试管内进行的试验。广义的含义是指在生物体外进行的试验。由于生物体内、体外环境的不同,体外试验的结果并不一定能反映体外试验的结果。因此,在仿制药生物等效性评价中,大多数国家都选择人体 BE 试验来进行判定。但是人体 BE 试验成本较高、周期较长,如果能建立体内体外试验的相关性,亦可以采用成本更低、周期更短的体外试验的方法。

(6) 生物药剂学分类系统

生物药剂学分类系统 (Biopharmaceutics Classification System, BCS) 由 Amidon 等提出,现已成为国际公认的分类系统。FDA、EMA、WHO 的 BE 豁免也是基于此生物药剂学分类系统。BCS 是根据药物的水溶性和肠道通透性对药物进行分类的科学框架。当考虑到常释制剂药物活性成分 (Active Pharmaceutical Ingredient, API) 的体内吸收速率和程度时,BCS 系统主要考虑以下 3 个关键因素,即溶解性 (Solubility)、胃肠道的渗透性 (Intestinal Permeability) 和溶出度 (Dissolution)[68]。

BCS 将药品分为 4 类。BCS 分类系统示意如图 2-2 所示。

在 BCS 框架下,当满足一定的条件时,BCS 可以作为一种药物研发工具来授予生物等效性豁免。BCS 可以作为制定体外溶出度质量标准的依据,亦可用于预测药物能否建立良好的体内试验与体外试验相关性。美国 FDA 规定,根据生物药剂学分类系统,高溶解度、高渗透性、快速溶出的口服制剂可以采用体外溶出度方法建立生物等效性。对于难溶性但高渗透性的药物,如果已建立良好的体内体外相关性,也可用体外溶出试验替代体内试验。此外,溶出试验还用于批次间质量的评价及生产过程的质量控制。

目前,澳大利亚、欧盟、瑞士、WHO 的指导原则对于 BCS 1 类和 3 类的药物考虑进行生物等效性试验豁免。加拿大也发布了一项指导原则草案对

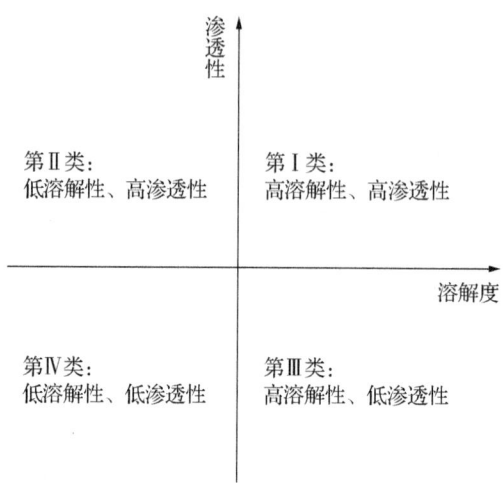

图 2-2 生物药剂分类系统

于满足行业提出的标准后授予 BCS 1 类和 3 类生物等效性试验豁免，韩国和美国对于 BCS 1 类进行豁免[37]。我国 2016 年发布的指导原则中，对于口服固体常释制剂 BCS 1 类和 3 类的药物，处方中的其他辅料不显著影响 API 的吸收，则可以申请生物等效性豁免。该豁免指导原则不适用于狭窄治疗窗药物及口腔吸收制剂。

2.1.3 治疗等效性

FDA 发布的橙皮书中对治疗等效的定义为：治疗等效性（Therapeutic Equivalents）是指药品和参比制剂药学等效并且按照标识物明确的条件下给药后具有相同的临床效果和安全性记录，则认为该药品与参比制剂是治疗等效的。FDA 将满足以下标准的产品视为治疗等效的药品并分类。

①该产品因为安全性和有效性被批准。

②产品具有药学等效性因为它们（a）包含相同活性药物成分、相同活性成分的含量、相同剂型和给药途径，并且（b）在规格、质量、纯度、鉴别方面满足药典或其他适用的标准。

③产品具有生物等效性因为（a）产品没有显示出已知的或者潜在的生物等效性问题并且产品满足可以接受的体外标准，或者（b）如果产品显示出已知的或潜在的生物等效性问题，他们被证明符合合适的生物等效性

标准。

④具有详细的标签和说明书。

⑤产品的生产过程符合 CGMP 法规要求。

用于该目录的治疗等效性概念仅适用于含有相同活性成分的药品,不包括用于相同病症的不同治疗药物的比较(如布洛芬与萘普生用来治疗疼痛)。治疗等效性测定不适用于未经批准或者说明书中适应证以外的药物。

FDA 认为满足以上所列标准的药物则具有治疗等效性,尽管它们可能在其他的一些特征上不同,如形状,刻痕,释放机制,包装,辅料(包括颜色、矫味剂、防腐剂),有效期和标识物微小的方面(如详细的药代动力学信息说明),储存条件等。

当以上产品的差异对个体患者非常重要时,处方医师要求调配某特定原研药作为必须产品被认为是合适的。尽管存在这方面的限制,FDA 仍然相信经批准治疗等效的产品可以被替代,替代产品可以预期将会和处方的药品具有同样的临床效果和安全性。

2.1.4 质量及其度量

(1) 质量

英文 Quality,可以理解为品质、特性、品级等。人们常常判断质量标准的尺度为"好"或者"坏"。

国际标准化组织(International Standard Organization,ISO)对质量的定义为:"一组固有特性满足要求的程度。""固有特性"是指事物或者物品可以与其他事物或者物品可以区分的特征。主要描述的是产品质的方面。要求是指顾客对产品的期望或需求。"要求"是否被满足,取决于使用该产品的顾客,是比较主观的概念。"程度"则反映了事物或产品满足的"量"。

(2) 质量的内涵与外延

质量的定义在发展中不断延伸。狭义的质量是指产品质量,广义的质量也指某项活动或过程的工作质量。无论狭义或广义的概念,质量是生产出来的,而不是检验出来的。确保生产过程的良好控制,才能得到高质量的产品。

(3) 质量管理的发展阶段

质量管理经过了 4 个发展阶段。第 1 阶段(20 世纪初至 30 年代),以质量检验为主,是一种事后控制的方法。第 2 个阶段(20 世纪 30 年代至 60

年代），以统计检验为主，使用数理统计的方法对产品合格率等进行定量的控制。第 3 阶段是 20 世纪 60 年代后，由美国管理学家戴明和朱兰提出来的全面质量管理，Total Quality Control 或者 Total Quality Management（TQM）。全面质量管理的核心要素是：质量管理应该贯穿于生产的每一个过程，从产品设计、原材料采购、生产、售后等所有环节。强调全员参与。第 4 阶段是在 20 世纪 60 年代以后，质量标准化管理，如 ISO9000：2000 系列标准[69]。《药品生产质量管理规范》（Good Manufacturing Practice，GMP）就是在全面质量管理的基础上发展起来的。

(4) 质量的客观测量

质量标准是指对产品的结构、规格、质量、检验方法所做的技术规定。按照《标准化法》和《产品质量法》等法律、法规的规定，我国的标准体系由国家标准、行业标准等构成，同时采用和转化使用国际标准。

产品的质量标准通常是指产品的特性应达到的技术性要求。对企业而言，为了保证生产出来的产品质量达到目标，应该从产品的研发开始，到原辅材料的购进、生产、检验、销售、售后等各个环节严格加以把控。在 GMP 条件下，企业的标准是一套体系，既包括各种原辅材料、中间品、成品的技术标准，也包括各个环节的管理标准。

药品质量标准是由政府或权威机构组织编纂的，用以鉴别药品真伪，保障药品生产、经营、使用中质量的准则等，是关于药品、药用辅料等的质量规格、指标要求及检测、验证方法等的技术规定。又包括法定标准、非法定标准。法定标准为强制性标准，行业标准和企业内控质量标准为非强制性标准。

国家药品质量标准是国家对药品质量规格及检验方法所做的技术规定，是药品生产、供应、使用、检验和管理部门共同遵循的法定依据[70]。《药品管理法》规定：国务院药品监督管理部门颁布的《中华人民共和国药典》和药品注册标准和其他标准为国家药品标准。此外，省级药监部门指定的医疗机构制剂规范、中药饮片炮制规范、地方性中药材等标准是对国家药品标准的补充。

(5) 质量的主观测量[71]

特性（Properties）是指一个客体区别于其他客体的某些特征，可以分为主观特性（Subjective Properties）和客观特性（Objective Properties）。客观特性是固然存在的，可以观察到的、确定的事物，如性别、年龄特征等。

第二章 相关概念及理论

而主观特性是无形的,不可被直接观察或者测量,较为抽象,如人们的态度、喜好、对未来购买意愿的表述等,这些无形的、主观的或者抽象的属性被称作构想(Construct)。因此,对此类特性的调研必须将其转为一组可以测量的数字。因此,关于药品质量的测量:一方面,可以通过质量标准来进行客观的测量,如固体制剂的溶出度、崩解度、杂质含量等;另一方面,关于仿制药的信任度及质量的评价则可以通过设计量表转化为一组数字来进行描述。

2.2 相关理论

2.2.1 质量源于设计

(1) 质量源于设计(Quality by Design,QbD)历史[72]

2002年之前,FDA的监管政策比较僵化,制药企业在生产过程中缺乏一定的自由度改进其生产工艺。FDA考虑给予制药业一定的改变空间和自由度,从而改进生产工业提高药品质量。但其前提是要让FDA知道改进生产工艺对药品质量有何影响。药品生产企业需要对药品质量特性深入认知,对生产工艺进行科学验证,对相关风险进行科学评估评估。需要把这些信息与监管部门进行更好的沟通。为了改变目前监管政策的僵化和不足,增加监管透明度,新的监管理念——质量源于设计理念诞生。该理念有助于监管方、企业更好的合作,增加对药品研发质量控制的认识。FDA认为,QbD是CGMP的一部分,是基于科学的和风险控制的药物研发方法。在QbD理念的指导下,监管部门将监管行为变得更为灵活和有弹性,与制药企业进行更广泛的沟通和交流,对设计空间范围的操作变更不再审批。2005年7月开始,FDA招募了9个企业的11个项目进行QbD注册申报试点。

(2) QbD的概念及应用[73]

ICH Q8对QbD的定义为:一种系统的药物研发方法,从预定义的目标开始,强调产品和研发过程的理解、研发过程控制,基于可靠的科学和质量风险管理。

QbD思路为:首先确认质量目标(制剂用途、给药途径、剂型、药物传送系统、剂量、包装容器系统、释放或运送和影响药代动力学属性、制剂的纯度、稳定性、溶出度、无菌性等),然后收集与目标相关的信息(理论、文献及试验信息等），全面设计产品及生产工艺，并通过试验等方法确定目标的关键质量属性（Critical Quality Attributes，CQAs），将所有的CQAs与原辅料影响因素和工艺参数关联，逐步建立设计空间（Design Space），控制生产过程以确保在药品的整个生命周期中生产出持续性符合要求的产品。

关键质量属性CQAs是一种具有物理、化学、生物学或微生物学的性质或特征，应使其保持在一定合适的限度、范围或分布以内，以确保达到预期的产品质量。关键质量属性通常与原料药、药物有效成分、辅料、中间体（操作中的物质）及药品紧密相关。

设计空间是QbD中一个重要的概念，ICH Q8中也引入了设计空间的概念。设计空间是指如何建立合理的工艺参数和质量标准参数。在设计空间内运行通常不被认为是变更。超出了设计空间则会被视为变更。合理的设计空间并通过一定的验证可减少或简化药品批准后的变更程序。

设计空间所涵盖的标准参数包括核心标准参数区域和延伸标准参数区域。核心标准参数区域是指产品的基本标准参数，对于新药主要在研发初始阶段建立起来的，而对于仿制药则是根据药典或专利药标准制定的。延伸标准参数是在核心标准参数基础上根据产品配方的组成、生产工艺等因素建立起来的。设计空间允许企业在有确定数据支持的情况下适当延伸产品的标准参数。例如，某一产品含有树胶，在选定了某类型的树胶后，按照传统的生产工艺验证只选用3个批号的产品，然而据此所制定的标准参数涵盖面较窄，这是因为树胶的生产要通过细菌发酵，不同批号的树胶产品其黏稠度可能有几倍的差异。在开展生产工艺验证过程中，按设计空间理念应该验证所相关的标准参数，如不同搅拌时间、速度、湿度等对产品黏稠度的影响，同时还应采用至少2~3个含有不同批号数据的配方用于生产工艺的验证，而不应该只选择同一批号树胶重复3个配方。

此外，QbD还引入风险评估的概念，通过对每一设计步骤的评估，可更好地帮助药品研发者判断是否继续进行研发（即使是通过评估认为应停止继续研发，及时中止研发也可以降低风险）。QbD的设计空间对于变更研究还有重要的意义：只要空间设计合理，在所述设计空间内，生产工艺的调整变更风险明显降低，这也有助于药品监管部门制定出更灵活的变更管理办法。总体来说，QbD模式对药品质量控制有很大优势。综上所述，QbD是管理学中的事前控制的方法，将质量管理提前到产品最开始的上游。

QbD自FDA提出后，又不断被其他监管机构认可并发布相应的指南。

第二章 相关概念及理论

人用药品注册技术要求国际协调会（International Conference on Harmonization of Technical Requirements for Registration of Pharmaceuticals for Human Use, ICH）在其发布的指导原则中明确了药物研发中实施 QbD 理念、质量风险管理的原则和方法。

（3）ICH Q8、Q9、Q10 中关于 QbD 的内容

ICH Q8 第 1 部分阐述了在药品研发过程中可能影响药品质量的各种因素[74]。

①原料药。了解原料药的溶解性、水分、粒度、晶型、生物活性和渗透性等特征，以确定原料药适宜的成盐和结晶类型。②辅料的选择。药物的 BCS 分类在处方设计方面有指导意义，同时还需要考察原料药与辅料之间、各种不同辅料之间的相容性。③生产工艺。确定影响终产品质量的关键工艺参数并对其进行监测。④包装系统。确定所选包装的适应性，如对光敏感产品选择避光包装，无菌产品包装应该在运输途中避免污染，考察产品与容器是否存在相互作用，避免安全隐患。

ICH Q9 阐述了质量风险管理（Quality Risk Management）的原则和常用分析工具[75]。其中，质量风险管理的原则为：风险管理应基于科学并用于患者利益的保护。风险管理的投入应该与风险等级相匹配。风险级别越高，管理投入应越大，风险级别越小，投入可以相应减少。质量风险管理的步骤如图 2-3 所示。

风险管理的工具主要包括常用风险评估简易方法，非正式风险管理、危害分析和关键控制点（HACCP），危害和可操作性分析（HAZOP），失败模式和影响分析（FMEA），失败模式、影响和危害度分析（FMECA），故障树分析（FTA），初步危害分析（PHA），风险排序和过滤，支持性统计工具等。

药品质量体系（Pharmaceutical Quality System, ICHQ10）的目标是获得符合要求的产品及产品质量的不断改进。药品质量体系主要包括四大系统：一是工艺性能和产品质量的监控系统；二是校正和预防措施系统；三是变更管理系统；四是工艺性能和产品质量管理回顾系统。在产品周期的各个阶段

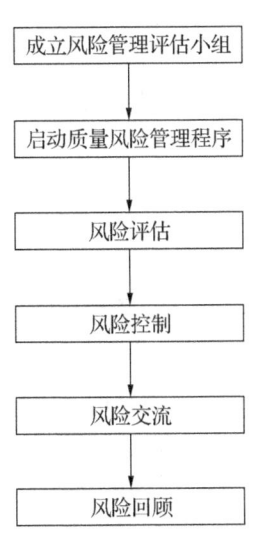

图 2-3 质量风险管理的步骤

（药物研发、技术转移、商业化生产和产品停产）均需要贯彻实施这四大系统。

在ICHQ10指导原则中，阐述了药品质量管理体系，包括以下方面。

①药物研发：原料药、新辅料、处方、生产工艺和放大等的研发；②技术转移：药品从研发转移到生产等；③生产：原料药的来源、生产设施的准备、过程控制和保证等；④产品终止：上市后的继续评价。而相对应的管理措施有工艺功能和产品品质监控及管理回顾体系，纠正措施和预防措施（CAPA）及变动时的管理体系[76]。以上的技术活动都是影响药品质量的关键因素，在药品整个生命周期中技术活动结合管理方法的正确实施是药品质量的保证。而相对应的管理措施有工艺功能和产品品质监控，纠正措施和预防措施（CAPA）及变动时的管理体系。

2.2.2 利益相关者理论

1908年，美国政治学家亚瑟·本特利首次提出"利益集团"的概念。他认为政治活动过程是利益集团内外部相互作用的结果，政府行为与利益集团息息相关，公共领域的各个方面都是利益集团的力量在发挥作用。政府的作用是了解各利益相关集团所牵涉的人群和利益[77]。

1984年，著名诺贝尔经济学奖的获得者弗里曼提出"利益相关者"的概念。即利益相关者（Stakeholder）是"任何能影响组织目标的实现或受这种实现影响的团体和个人"[78]。

利益相关者理论的核心要点是：企业是各利益相关者群体通过契约结成的组织结构，企业的良性发展离不开股东的推动和支持，但也受到其他利益相关者影响和推动，只有各利益相关者的诉求达到平衡的状态，企业才会可持续发展[79]。

利益相关者分析方法在卫生政策改革领域中的运用越来越广。卫生政策专家Michael Reich提出，在制定卫生政策时，除了进行技术分析和伦理分析外，也应该重视政策的利益相关者进行分析，全面、客观地了解政策利益相关者的立场和认知等方面的信息。在全面分析了解政策改革中利益相关者的诉求后，制定的卫生政策就可以最大限度地减少政策实施中的阻力，平衡各种利益关系，提高政策改革的成功概率[80]。

美国著名卫生政策杂志 *Health Policy*（IF）设有"Heath Policy Reform"专栏，推荐的调研问卷中也显示了使用利益相关者分析方法对政策改革的影

第二章 相关概念及理论

响群体进行分析。

2.2.3 政策改革

（1）政策科学及特点[81]

政策科学作为从传统的行政学领域中发展出来的一个分支，在20世纪60年代后日益兴盛起来。"政策科学"一词最早是由美国政治学家拉斯韦尔在《权力和社会：政治研究的框架》一书中提出的，并在《政策科学：范围和方法的新近发展》中对政策科学的研究对象、性质和发展方向做出规定，他是政策科学研究的鼻祖。1958年，美国政治、经济学家林德布洛姆提出"政策分析"，认为政策分析是运用定性和定量结合方法进行政策比较和分析。英国学者霍格伍德和冈恩认为政策分析主要包括以下7种类型：政策内容研究（Studies of Policy Content）、政策过程研究（Studies of the Policy Process）、政策结果研究（Studies of Policy Outputs）、政策评估研究（Evaluation Studies）、决策信息研究（Information for Policy Making）、过程倡导（Process Advocacy）、政策倡导（Policy Advocacy）。以色列学者叶海卡·德洛尔认为政策科学的核心政策制定，包括政策制定过程及具体的政策领域。

综上所述，政策科学可以概括为综合运用不同学科知识、方法和理论研究政策系统、政策过程等，目的是提高公共政策质量，寻找政策规律。政策科学具有以下几个特征。

①政策科学具有跨学科、综合性等特点。政策科学需要涉及政治学、经济学、社会学、数学、系统学、运筹学等知识，也涉及决策领域涉及的专业知识。

②政策科学是一门应用性科学。政策科学是适应当代社会解决复杂社会或决策问题所产生的，服务于实践，体现了理论与实践的高度统一。

③政策科学是软科学的一个重要分支。与其他软科学学科相比，政策科学是公共决策科学化、民主化的重要支持学科。

进入21世纪以来，政策科学发展日趋成熟，其研究方向逐渐细分为政策的制定、执行、政策过程、政策评估等内容。政策研究涉及政治学、经济学、管理学和社会学等诸多学科。政策科学的发展对各国政府政策制定产生了巨大影响，成为各国政府和学术界共同关注的领域。

(2) 公共政策

公共政策是国家或政府其他执政团体在一定时期内为实现一定的社会目标所采取的政治行动或行为准则等，是一系列策略、法律、措施、办法、条例等的总称。公共政策具有以下几个特点：法定性、目标性、时效性、强制性和政治性。

公共政策主体一般指直接或者间接地参与政策制定、执行、评估和监控的个人、团体或者组织，如表2-3所示。

表2-3 公共政策参与主体

立法机关	全国、地方各级人民代表大会及常务委员会	立法
行政机关	中央人民政府（国务院）及各级人民政府	享有立法权、人事权等，制定行政法规
政党	中国共产党领导下的多党合作与政治协商制度	执政党是政策主体的核心力量，政协发挥参政议政作用
利益相关者	由共同立场、利益的个人组成的团体	是非官方政策主体的主要参与者
智库	各种专家、学者、社会团体等构成	是重要的参与者之一
传媒	广播、电视、报纸、杂志、互联网等	政府与社会之间的中介，传播信息、引导舆论、宣传阵地
民众	民众通过各种途径反映、影响政策的制定和执行	政策主体重要而广泛的构成要素

(3) 药物政策

药物政策是伴随着药学、管理学、经济学等学科的不断发展而发展起来的。1975年，世界卫生大会通过决议要求WHO帮助成员国制定国家药物政策，旨在解决药品的可及性、质量保证和科学使用等问题。1999年，WHO出版了《国家药物政策监测指标：使用手册》，用来指导其成员国对药物政策进行监测[82]。其后，WHO每3~5年更新一次全球药物领域政策和策略。

药物政策具有高度的实践性和应用性，受到政治、人口、社会文化、医疗等因素的影响。国外的经验可以借鉴，但不能复制和照搬，要符合我国的

第二章 相关概念及理论

实际国情。尤其是决策方面,应该考虑到决策的科学性和合理性,避免受领导意愿和经验直觉的影响[83]。

药品的质量关系到人的生命健康,具有公共产品的属性。药品的可获得性及可及性是人类生命健康权的重要组成部分,具有重要的民生意义和政治意义。因此,可以认为药物政策属于公共政策的范畴内。药物政策是指医药领域内一系列法律、法规、计划、办法的总和,具有明显的政策规制、政策调整和资源分配等功能。

(4) 政策过程

政策主体、客体与政策环境相互作用,使得政策系统正常运行。安德森将政策过程划分为5个环节:问题的提出、政策方案的制定、方案的通过、政策实施、政策评价。在政策过程中,政策方案的制定和通过都需要进行决策。决策是政策进程中关键的一个环节(图2-4)。

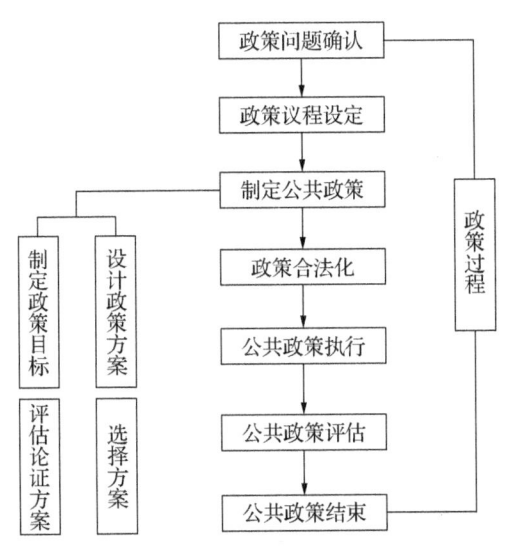

图 2-4 政策过程示意

(5) 政策改革理论

政策改革,是指在某组织(通常是政府部门)主导下,对现有的制度和政策进行改变,以适应当前发展的形式。政策改革是一个破除旧有制度,建立新制度的过程,也是一个与时俱进不断完善的过程。药物政策改革是指在政府主导下,制定、修订药物相关政策的一个过程,从而保证药物质量,确保药物的可及性、可负担，保障公民健康。政策改革是一个内因、外因共同作用与运行的结果。在内外部因素的共同影响下，改革势在必行。

药物政策的改革，必须要考虑到改革中涉及的利益相关者的不同诉求。药物政策的改革利益相关者一般包括医药卫生行政主体，医药企业（包括仿制药生产企业、原研药生产企业），医疗机构，患者，医生，药师等。其拥有资源不同，参与药物政策改革的动机、目的、程度各不相同。如何解决利益相关者诉求中的冲突与矛盾，事关改革的成败。建立良好的利益平衡机制则能确保利益相关者的主观动机带来的最终客观结果。政策改革中的公众支持度和参与度也决定了政策的成功与否。良好的公众参与度能提高政策的支持度，良好的公众支持则能提高政策的成功率。政策在改革的进程中，能够有一定的变通也是改革得以运行的有效方式之一。

第三章 我国仿制药一致性评价政策改革研究

3.1 仿制药一致性评价政策改革的背景

3.1.1 政策改革之政治、经济背景

2014年CFDA发布的《药品审评报告》显示,待审任务量达到18 597件。审评专业人员缺乏、审评资源紧缺、临床试验资源紧缺、BE试验审批制度等造成了药品审评挤压严重。一方面企业呼声较高,产品上市时间延长,成本增加;另一方面,仿制药延迟上市,延迟了与原研药的竞争,会影响药品的可及性及可负担性,因此,审评领域改革的呼声越来越高[84]。

党的十八大以来,新一届政府高度重视食品药品安全等民生问题,推行简政放权,提高行政服务效率,推进产业升级转型等。

2012年,国务院印发《国家药品安全"十二五"规划》,其中明确提出:对2007年《药品注册管理办法》施行前批准的仿制药,分期分批与参比制剂进行一致性评价。2016年5月,国务院总理李克强主持召开国务院常务会议部署促进消费品工业升级,推进结构性改革尤其是供给侧结构性改革。药品质量事关人民生命健康,医药产业升级、仿制药质量提升刻不容缓。中共中央、国务院及国家药品监督管理总局等部门连续发布文件指南等,推动仿制药一致性评价政策深入改革。2017年10月中共中央办公厅、国务院办公厅出台《关于深化审评审批制度改革鼓励药品医疗器械创新的意见》,2018年3月国务院办公厅发布《关于改革完善仿制药供应保障及使用政策的意见》,这些文件中都要求加快推进仿制药一致性评价工作。

3.1.2 政策改革之我国仿制药行业背景

据统计,我国现有药品生产企业4000多家,持有的化学药品批准文号

12.1 万个，95% 以上的为仿制药。随着我国城镇职工医疗保险、城乡居民医疗保险、新型农村合作医疗保险三大保险制度的建立和不断完善，我国医疗保险的覆盖面达到总人口的 95% 以上。十几亿人口的大国，安全、有效及可负担性的药品成为保证全面医疗保险制度的重要根基。我国已经建立了满足绝大多数人口医疗保健需求的基本药物制度，药品消费能达到自给自足，药品缺货的风险较小。

目前，我国仿制药基本覆盖了我国临床所有治疗领域，满足了临床治疗基本需求。可生产全球 1600 种化学原料药，可生产剂型达 60 个，4500 种[5]。但是，我国仿制药行业还存在以下一些问题。

（1）药品安全事故频发

2006 年，齐齐哈尔第二制药有限公司的亮菌甲素注射液假药事件，用工业用二甘醇代替丙二醇，造成患者肾衰及数人死亡。同年，安徽华源医药有限公司的盐酸克林霉素磷酸酯"欣弗"注射液，生产中擅自改变生产工艺，缩短灭菌时间，造成产品不合格。2012 年药用辅料毒胶囊事件，修正药业等 9 家药厂 13 个批次药品，所用胶囊重金属铬含量超标。2018 年长生生物狂犬病疫苗生产记录造假及其子公司长春长生生产的"吸附无细胞百白破联合疫苗"效价不合格劣药事件，最终长生公司被处罚款高达 91 亿元。不断发生的药品安全事件极大影响了公众对我国国产仿制药质量的信任度。

不断发生的药品质量安全事故也折射出部分医药企业管理人员质量意识淡薄，全面质量管理概念、理论没有形成重视，理解 GMP、执行 GMP 均不到位，为降低生产成本，将质量抛之脑后，偷工减料，造成较为严重的质量事故。

（2）研发能力较弱，创新不足

据 2012 年统计资料显示，我国原料药和制剂生产企业有 4706 家，但是只有 33% 左右的企业进行了研发投入，研发投入占销售收入比值较低，远低于原研药企业，一些原研药企业研发投入高达销售收入的 25%。因此，仿制药行业以仿为主，缺乏创新。另外，就是低水平重复，同一个品种几百家企业拥有批文，容易造成恶性竞争。

（3）辅料研发不足，产品质量不高

药用辅料是药剂中的无活性部分，其理化性质直接影响药品的溶出。辅料的质量也决定着药品的安全性[85]。过去由于国内医药工业对药物的研发

第三章　我国仿制药一致性评价政策改革研究

不重视，导致新型辅料及制剂的研究一直处于弱势地位[86]。国内专门从事药用辅料研发制造的企业仅有少数几个，其他生产药用辅料的公司大多是食品公司兼职运营，质量监管及研发水平远落后于发达国家[87]。新剂型药品产生时也必定会产生新型的药用辅料，而国内大部分厂家只固定生产几种药用辅料，种类少、质量不统一及缺少稳定性，再加上缺乏研发能力，无法制造出新型的药用辅料。

（4）仿制药技术水平方面还存在一定的差距

与原研药相比，我国仿制药在原料、制剂、生产工艺等方面还存在一定的差距。原料药的晶型、结晶水和成盐等问题都影响产品质量。过去我国曾发现进口尼莫地平口服疗效是仿制药品的3倍以上，但尼莫地平的纯度、手性方面几乎没有差别，后研究发现二者的差异主要是晶型差异[88]。

（5）临床疗效上与原研药存在一定的差异

通过对临床医师及药师的调研，部分仿制药与原研药在临床效果上存在一定的差异。在对医生的调查过程中，有多名医生提到仿制阿司匹林肠溶片胃肠道反应相对于拜阿司匹灵较多，国产仿制药无法在工艺上实现使药品只在肠道溶解。有医生反映二甲双胍不同仿制药之间质量疗效差异较大，曾有患者使用盐酸二甲双胍片的仿制药替代原研药后，血糖不降反升。在对药师的调查中，有药师反映部分抗感染药、降脂药疗效不如原研药。

3.2　仿制药一致性评价政策改革的利益相关者分析

利益相关者来源于英文"Stakeholder"，原是商业用语"股东，股票持有者"的含义。意指与企业的每一项活动有利害关系的人，在医药卫生改革领域，主要是指在医药卫生改革中有既定利益的个人或团体。

卫生政策改革是在政府指导下通过政策设计与制度变革，提高卫生服务的公平性、可及性与卫生体系的效率[80]。药品政策改革作为卫生政策改革的一个子领域，同样是通过制度、政策的设计和变革，提高药物政策的效率和效果，提高药品的可获得性、可及性、可负担性等。卫生政策改革过程是多种利益相关者相互冲突、协调、磨合与博弈的复杂过程，分辨哪些是一致性评价政策改革中的主要利益相关者及其态度对改革的推行有重要意义。根据利益相关者分析过程，我们将仿制药一致性评价政策改革的主要利益相关者分为以下几类：政府及药品监管部门；相关专家智库及团体；原研药生产企业及协会；仿制药生产企业及协会；临床研究合同组织（CRO）及临床研究基地；药品生产企业；医生、药师、患者等。一致性评价政策的主要推动力是政府及相关团体，主要反对者的声音集中在受影响较大的仿制药生产企业。受益较大的为相关 CRO 公司及研究基地、原辅料生产企业、公众等。在推行一致性评价政策中，政府及相关组织应该多调研，建立沟通渠道，倾听利益相关者反对声音，以减轻改革的阻力，从而推动政策实施。同时，仿制药生产企业及协会也应该和政府、相关智库主动做好沟通，表达自己的合理诉求。

3.3 仿制药一致性评价政策改革监测研究

世界卫生组织下属欧洲卫生改革监测观察组织（European Observatory on Health Systems and Policies）于 2010 年制定了卫生改革监测的调查方法，出台了标准化的问卷（大多是开放式问题，定性研究），以对工业化国家医药卫生领域政策改革进行观察和监测。该调查的主要内容是，对政策出台的政治、经济背景、政策目的、政策的主要利益相关者及政策的主要推动力量和影响力进行分析[89]。问卷主要包括以下内容：卫生政策题目，卫生政策类别，摘要（政策目的、政策激励手段包括财政和非财政的），政策发展的政治经济背景，政策起源，创新程度，主要参与对象，政策文件及利益相关者，政策立法，采纳和实施，监测和评价，预期成果和政策评估（详见附录 A）。

其中政策改革的进程分为 7 个环节（图 3-1）：一是形成政策改革的目的或者观点。可以是不同讨论会上提议的（如智库、专家组、咨询委员会、消费者组织、地区机构）看法及观点。二是进行改革的方案或者试点。三是形成政策文件。四是其中最重要的环节也就是立法，事关改革的成败。政策改革如果通过立法，则表明改革达到了一个里程碑。五是实施，采取措施在法规和专家层面促进实施。六是政策评价。七是废除或者进一步修正。

3.3.1 政策的目的及观点

基于内外部改革的动力，仿制药一致性评价改革顺应发展改革的趋势。政策主要目标是：一是基于历史原因的仿制药市场准入的再评价；二是在供

第三章　我国仿制药一致性评价政策改革研究

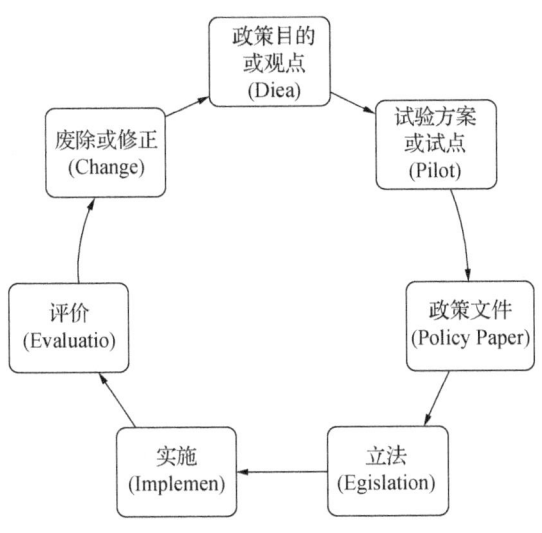

图 3-1　卫生政策改革监测流程示意

给侧改革背景下，积极推动我国仿制药行业整体制造水平的提升，促进产业结构调整，从而增强企业国际竞争力，促进仿制药产品走向世界；三是最重要的目标即保障公众用药安全有效，促进人民身体健康。具体的目标为：提高仿制药质量，达到与原研药品疗效一致；建立我国上市药品目录集和参比制剂目录，公众可获取任何获批的药物的信息及审批信息；建立上市后药品质量评价体系，进行全生命周期质量评价。

3.3.2　政策文件

我国仿制药一致性评价政策从2012年开始启动，成立了仿制药质量一致性评价项目办公室。中间经历过多次讨论及征求意见等，在2014年经历过一段停滞期，迄今已有近5年的时间，国务院及国家食品药品监督管理总局（China Food and Drug Administration，CFDA）出台了一系列政策文件及配套措施，明确了政策的时间节点，以推动该政策的发展和实施，具体内容如表3-1所示。从最近出台的相关文件中，可以看出一致性评价政策越来越具体、细化，出台了一系列相关指导原则，申请程序越来越明确规范，给予企业一定的争议复审的权利，并出台相关沟通平台。

表 3-1　仿制药一致性评价政策文件时间一览

时间	发布主体	政策文件	主要内容
2012年1月20日	国务院	关于印发国家药品安全"十二五"规划的通知（国发〔2012〕5号）	对2007年《药品注册管理办法》施行前批准的仿制药，分期分批与被仿制药进行质量一致性评价
2012年11月22日	CFDA注册司	关于征求仿制药质量一致性评价工作方案（征求意见稿）意见的通知（食药监注函〔2012〕227号）	仿制药质量一致性评价工作方案（征求意见稿）及起草说明
2013年2月16日	CFDA	关于开展仿制药质量一致性评价工作的通知（国食药监注〔2013〕34号）	启动15个基本药物品种质量一致性评价的试点，确定参比制剂及质量一致性评价方法和标准，成立一致性评价办公室及专家委员会
2013年7月11日	CFDA办公厅	关于2013年度仿制药质量一致性评价方法研究任务的通知（食药监办药化管〔2013〕38号）	2013年度仿制药质量一致性评价品种名单和方法研究承担单位，省、市一级的药检部门开展75个品种的一致性评价工作
2013年12月	CFDA	口服固体制剂参比制剂确立原则、普通口服固体制剂溶出曲线测定与比较指导原则	同时颁布美托洛尔、盐酸氨溴索等5个品种的溶出曲线一致性评价方法
2014年1月29日	CFDA	公开征求仿制药质量一致性评价有关指导原则等意见	公示了3个拟评价品种的评价方法和普通口服固体制剂溶出曲线测定与比较指导原则（征求意见稿）、口服固体制剂参比制剂确立原则（征求意见稿）

第三章　我国仿制药一致性评价政策改革研究

续表

时间	发布主体	政策文件	主要内容
2015年8月18日	国务院	关于改革药品医疗器械审评审批制度的意见（国发〔2015〕44号）	明确了提高审评质量、解决注册积压、提高仿制药质量、鼓励研究和创制新药、提高审评透明度5项目标。提出改革的12项任务，包括提高审批标准，推进仿制药一致性质量评价等内容
2015年11月11日	CFDA	关于药品注册审评审批若干政策的公告（2015年第230号）	提高仿制药审批标准，规范改良型新药的审评审批，优化临床试验申请的审评审批等10项政策
2015年11月18日	CFDA	关于开展仿制药质量和疗效一致性评价的意见（征求意见稿）	对一致性评价的对象和时限、参比制剂的选择、研究方法、企业主体责任、集中采购上的措施等征求意见。研究方法上对体内溶出和体外试验的界定比较模糊
2016年2月6日	国务院办公厅	关于开展仿制药质量和疗效一致性评价的意见（国办发〔2016〕8号）	明确政策评价的对象和时限，基本药物目录中的2018年年底前完成，确定参比制剂遴选原则，对于评价的方法明确了原则上是BE试验。符合豁免生物等效性试验的品种，允许体外溶出试验
2016年3月4日	CFDA	关于发布化学药品注册分类改革工作方案的公告（2016年第51号）	化学药品注册分类分为5类：其中1类为创新药，2类为改良型创新药，3、4类为仿制药，5类为境外上市的药品在境内上市

续表

时间	发布主体	政策文件	主要内容
2016年3月18日	CFDA	发布《普通口服固体制剂参比制剂选择和确定指导原则》《普通口服固体制剂溶出曲线测定与比较指导原则》《以药动学参数为终点评价指标的化学药物仿制药人体生物等效性研究技术指导原则》3个指导原则	对于仿制药、原研药、参比制剂等有明确定义,参比制剂首选国内上市的原研药。明确了药动学参数 C_{max} 和 AUC 作为评价 BE 试验的主要指标
2016年5月26日	CFDA	关于发布仿制药质量和疗效一致性评价工作程序的公告(2016年第105号)	明确药品生产企业是开展一致性评价的主体。明确了一致性评价工作申请、现场核查、样品检验等程序。并出台了争议处理复审的程序及咨询指导平台
2016年5月26日	CFDA	关于落实国务院办公厅关于开展仿制药质量和疗效一致性评价的意见有关事项的公告(2016年第106号)	化学药品新注册分类实施前批准上市的仿制药,包括国产仿制药、进口仿制药和原研药品地产化品种,均需开展一致性评价。公布了2018年年底前须完成仿制药一致性评价品种目录。对无参比制剂需开展临床有效性试验的品种分2种情况界定
2016年7月1日	CFDA	关于研制过程中所需研究用对照药品一次性进口有关事宜的公告(2016年第120号)	对符合条件的药物研发中需要的参比制剂一次性进口
2016年8月17日	CFDA	关于2018年年底前须仿制药质量和疗效完成一致性评价品种批准文号信息	公布了289个品种,共计17 740个批准文号具体信息

第三章　我国仿制药一致性评价政策改革研究

续表

时间	发布主体	政策文件	主要内容
2016年8月17日	CFDA	关于发布化学药品仿制药口服固体制剂质量和疗效一致性评价申报资料要求（试行）的通告（2016年第120号）	申报材料包括概要、药学研究资料、体外评价、体内评价并进行了详细的说明及注册申报时CTD格式范本
2017年2月7日	CFDA	关于发布仿制药质量和疗效一致性评价临床有效性试验一般考虑的通告（2017年第18号）	仿制药一致性评价原则上应选择生物等效性试验方法，找不到或无法确定参比制剂的，由药品生产企业开展临床有效性试验。有效性试验开展对照药可选择安慰剂或阳性对照药，选择合适的终点指标
2017年2月17日	CFDA	关于发布仿制药质量和疗效一致性评价工作中改规格药品（口服固体制剂）评价一般考虑等3个技术指南的通告（2017年第27号）	对改规格、改剂型、改盐基等仿制药一致性评价给出指导原则
2017年4月5日	CFDA	关于发布仿制药质量和疗效一致性评价品种分类指导意见的通告（2017年第49号）	将一致性评价品种分为原研进口药，原研地产化、进口仿制药，国内仿制药，改规格、改剂型、改盐基的仿制药，国内特有品种等6种情形
2017年5月18日	CFDA	关于发布仿制药质量和疗效一致性评价研制现场核查指导原则等4个指导原则的通告（2017年第77号）	发布《仿制药质量和疗效一致性评价研究现场核查指导原则》《仿制药质量和疗效一致性评价生产现场检查指导原则》《仿制药质量和疗效一致性评价临床试验数据核查指导原则》《仿制药质量和疗效一致性评价有因检查指导原则》，由CFDA及省级药监部门分别负责相应品种的检查、核查工作

续表

时间	发布主体	政策文件	主要内容
2017年 8月25日	CFDA	关于仿制药质量和疗效一致性评价工作有关事项的公告（2017年第100号）	公布289个品种原研药清单，并附参比制剂选择时建议。公布通过一致性评价产品的标识。同品种药品通过一致性评价的生产企业达到3家以上的，在药品集中采购等方面不再选用未通过一致性评价的品种
2017年 10月18日	中共中央办公厅、国务院办公厅	关于深化审评审批制度改革鼓励药品医疗器械创新的意见	改革临床试验管理，支持医疗机构、医学研究机构、医药高等学校开展临床试验。严查数据造假行为。促进药品仿制生产，定期发布专利权到期、终止、无效且尚无仿制申请的药品清单，引导仿制药研发生产。加快推进仿制药质量和疗效一致性评价
2017年 12月29日	CFDA	关于发布《中国上市药品目录集》的公告（2017年第172号）	CFDA发布《中国上市药品目录集》数据库，收录批准上市的创新药、改良型新药、化学药品新注册分类的仿制药及通过质量和疗效一致性评价药品的具体信息。指定仿制药的参比制剂和标准制剂，标示可以替代原研药品的具体仿制药品种等

第三章 我国仿制药一致性评价政策改革研究

续表

时间	发布主体	政策文件	主要内容
2018年1月2日	CFDA	关于发布通过仿制药质量和疗效一致性评价药品的公告（第1批）（2017年第173号）	发布硫酸氢氯吡格雷片、盐酸帕罗西汀片等17个通过一致性评价的品种规格目录（其中基本药物4个），相应的药品说明书、企业研究报告及生物等效性试验数据信息可登录药审中心网站（www.cde.org.cn）查询
2018年2月13日	CFDA	关于瑞舒伐他汀钙片等5个品种通过仿制药质量和疗效一致性评价的公告（第2批）（2018年第20号）	公布瑞舒伐他汀钙片、富马酸替诺福韦二吡呋酯片、草酸艾司西酞普兰片、苯磺酸氨氯地平片4个品种（1个基药）通过一致性评价
2018年3月21日	国务院办公厅	关于改革完善仿制药供应保障及使用政策的意见（国办发〔2018〕20号）	促进仿制药研发，加快推进仿制药质量和疗效一致性评价工作，进一步释放仿制药一致性评价资源，支持具备条件的医疗机构、高等院校、科研机构和社会办检验检测机构参与一致性评价工作
2018年4月12日	国家药品监督管理局	关于阿莫西林胶囊等7个品种规格通过仿制药质量和疗效一致性评价的公告（第3批）（2018年第6号）	阿莫西林胶囊、阿奇霉素片、硫酸氢氯吡格雷片等7个品种规格通过一致性评价，厄贝沙坦氢氯噻嗪片外的6个产品，是同品规中首个通过一致性评价

续表

时间	发布主体	政策文件	主要内容
2018年5月22日	国家药品监督管理局	关于阿托伐他汀钙片等12个品种规格通过仿制药质量和疗效一致性评价的公告（第4批）（2018年第24号）	阿托伐他汀钙片等12个品种通过一致性评价，相关品种的说明书、企业研究报告及生物等效性试验数据信息公布可查询
2018年7月23日	国家药品监督管理局	关于蒙脱石散等16个品种通过仿制药质量和疗效一致性评价的公告（第5批）（2018年第49号）	蒙脱石散、卡托普利片、甲磺酸伊马替尼片、瑞舒伐他汀钙片、阿法骨化醇片、苯磺酸氨氯地平片、头孢呋辛酯片、阿托伐他汀钙片8个品种，16个品规产品通过一致性评价

从表3-1可以看出，自2012年《国家药品安全"十二五"规划》提出仿制药一致性评价工作以来，仿制药一致性评价工作颁布的文件多达30多个，还不包括各种文件征求意见稿。这些政策文件中既有国务院为主体发布的通知，也有两办（中共中央办公厅、国务院办公厅）发布的通知，绝大多数是CFDA颁布的各项通知、指南和公告。特别是各项公告和指南，对企业申报一致性评价的程序、内容、争议的解决等都做了具体明细的公示，仿制药一致性评价受理号查询、品种公告等在国家药监局网站查询非常方便，也反映出仿制药一致性评价工作信息透明度较高。

从政策文件出台的密度来看，该政策在2012—2015年是探索期，出台的文件不到10个；2016—2018年是政策密集期，出台各种文件、指南达20多个。从中央到国务院再到国家药品监督管理部门，对于一致性评价政策态度坚定，积极推行。各种政策文件、指南不断出台，并且越来越具体、细化，如业内争议较大的改剂型、改规格、改盐基的仿制药一致性评价问题都制定了相应的文件指南。

3.3.3 政策立法及实施

政策立法是政策改革中的重要一环，政策改革离不开立法及修订。从政

第三章 我国仿制药一致性评价政策改革研究

策文件的梳理中可以看出,仿制药一致性评价政策大多是以国家药品监督管理总局颁布的公告为主,亦有中共中央办公厅及国务院办公厅等颁布的通知。《国家药品安全"十二五"规划》《国务院关于改革药品医疗器械审评审批制度的意见》及《国务院办公厅关于开展仿制药质量和疗效一致性评价的意见》等属于国务院出台的规范性文件。但是,国务院制定和发布规范性文件的行为属于抽象行政行为的范畴,不属于行政立法[90]。行政立法是指享有制定行政法规或规章权力的行政主体,依法定职权或授权及法定程序制定规范性文件的活动[91]。从改革进程可以看出,仿制药一致性评价政策大多是以国务院或者 CFDA 出台规范性文件的形式来进行推动,这与通过法定程序颁布的行政法律法规效力不同。国务院《关于改革药品医疗器械审评审批制度的意见》中也明确了抓紧时间修订相关的《药品管理法》及《药品管理法实施条例》等。

2018 年 9 月 6 日,《药品管理法(修正案)》(以下简称《修正案》)有关内容已提交司法部,力争 10 月底提交全国人大常委会审议,《药品管理法》全面修订草案力争 2019 年年底提交司法部。《药品注册改革分类》通知亦已出台。在《药品管理法》的修订中,一方面,规范仿制药申报审批的科学性和规范性,加大仿制药研发过程中数据造假等的处罚力度。例如,生产销售假药,加大了对企业和相关人员处罚力度。对违反药品生产质量管理规范(Good Manufacturing Practice,GMP)、药物非临床研究质量管理规范(Good Lab Practic,GLP)、药物临床试验质量管理规范(Good Clinical Practic,GCP)等视情节 10 年内或者终身不得从事药品研制和生产经营活动。另一方面,要考虑到仿制药审批后全生命周期的质量监管,在药品再评价制度中,应基于科学文献或者上市后大数据分析等,形成基于科学证据的仿制药上市后再评价制度。

3.3.4 仿制药一致性评价的申报程序

开展仿制药质量和疗效一致性评价首先要对申报药物开展药学研究。要与参比制剂进行全面对比研究,依据该药品的特点和分类,看是否符合生物等效性试验豁免。若该仿制药通过 BE 豁免则主要进行体外的药学研究即关键药学指标和体外多条溶出曲线比较[6]。若该仿制药未符合 BE 豁免则需要进行体内生物等效性试验。若不满足以上条件的,需要开展临床有效性试验。进行 BE 试验首先要进行备案,在符合规定的药物临床试验机构进行

BE 试验，试验完成后，报 CFDA、CFDA 行政受理服务大厅进行形式审查，药品审评中心进行立卷审查（45 个工作日），总局审查核验中心进行核查等，最终由药品审评中心完成审评，符合要求的，列入上市药品目录集，如图 3-2 所示。

一致性评价从最初的由中国食品药品检定研究院（简称中检院）负责，转移到国家药监部门药品审评中心负责受理，审评主体、审评程序不断明晰，审评团队不断发展，审评效率有一定提升。

(1) 参比制剂的选择

仿制药一致性评价的第一步为选择受试制剂对应的参比制剂。参比制剂的选择主要根据 2016 年 3 月 18 日 CFDA 发布的《普通口服固体制剂参比制剂选择和确定指导原则》。参比制剂的选择应当满足以下情形：一是参比制剂首选国内上市的原研药品。二是原研药品如果未在国内上市或有证据证明原研药不符合参比制剂的条件，也可选用在国内上市国际公认药物作为参比制剂。三是原研药和国际公认的同种药物均未在国内上市，可选择在欧盟、美国、日本上市并被列为参比制剂的药品。

截至 2018 年 9 月，CFDA 共发布了仿制药参比制剂目录 16 批。

(2) 基于生物药剂学分类系统（BCS）的生物等效性试验豁免

生物等效性试验豁免指的是对于某些临床疗效已经被证实的仿制药或者符合 BCS 分类系统的药物，免除其生物等效性试验，可采取体外的药学研究来评价仿制药的一致性。[10]实施体外药学评价可以极大减少企业一致性评价的成本，加快一致性评价的工作进程，提高审评效率。[7]。CFDA 于 2016 年 5 月 18 日发布《人体 BE 试验豁免指导原则》。对于不同 BCS 分类，需要提供证明不一样。

(3) 体外药学研究

体外药学研究主要是指仿制药的多条溶出曲线应与参比制剂一致。CFDA 于 2015 年 10 月 30 日发布了《普通口服固体制剂溶出曲线测定与比较指导原则（征求意见稿）》（2015 年第 663 号）。虽然仿制药与参比制剂的溶出曲线一致并不能代表二者的生物等效性，但是已有数据表明，若二者体外多条溶出曲线一致则生物等效概率高达 90%，反之若二者多条溶出曲线不一致则生物等效不成功概率高达 90%[6]。所以药物体外的多条溶出曲线能够在一定程度上表示药物在体内的生物利用度。

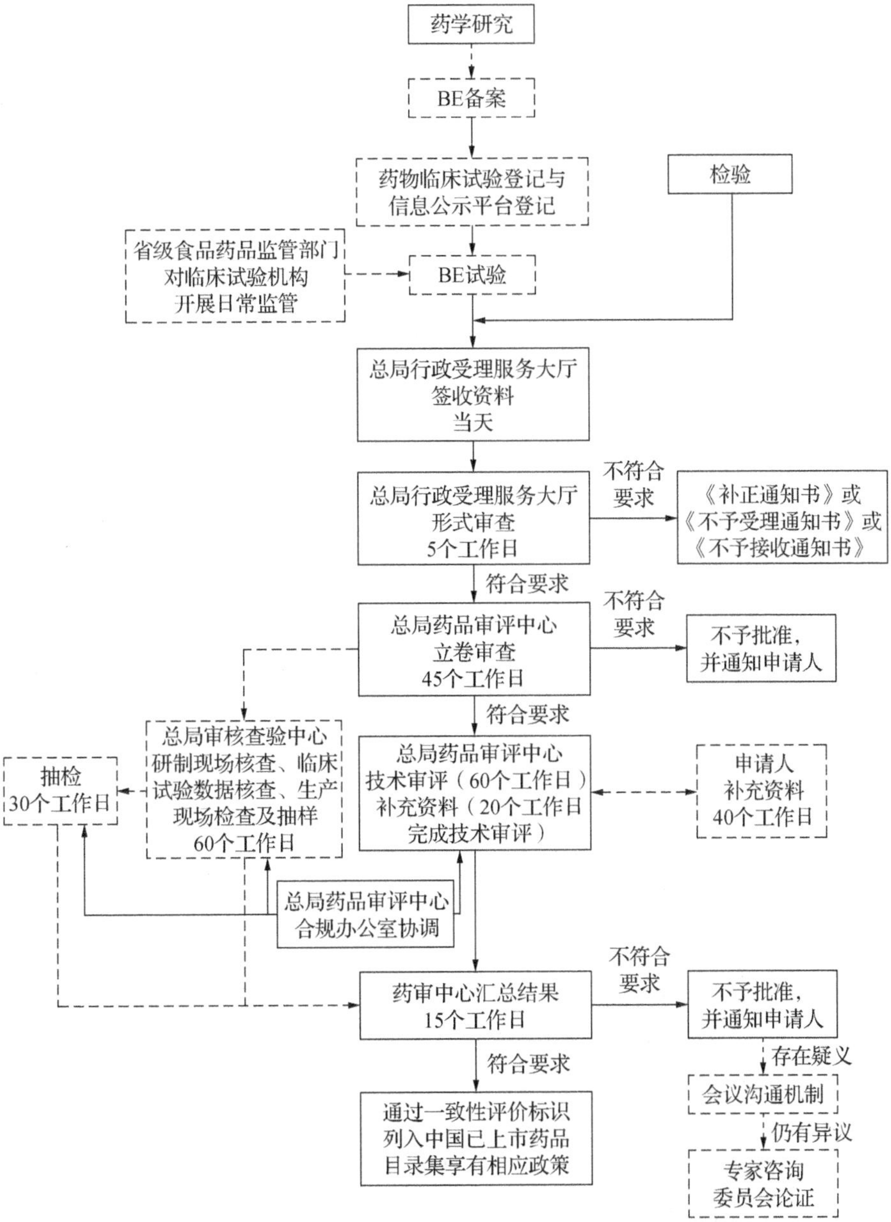

第三章 我国仿制药一致性评价政策改革研究

图 3-2 仿制药一致性评价工作流程

（4）生物等效性试验

2015 年 12 月，CFDA 发布《关于化学药 BE 试验实行备案管理的公告》

（2015年第257号），公告指出自2015年12月1日起，化学药BE试验由审批制改为备案管理。由事前管理改为加强事中监管和事后监管，可以缩短BE试验审批时间，减少仿制药审批的积压，大大提高仿制药审评的效率。CFDA对备案资料进行分析和评估，对存在明显缺陷和较高风险的，告知注册申请人，终止BE试验。对相关资料可以提出核查和抽检，发现存在真实性问题的，将不予批准。必要时可立案调查并追求相关人员责任。

2017年9月1日，CFDA、国家卫生计生委发布《关于药物临床试验机构开展人体BE试验的公告》（2017年第119号），公告指出，注册申请人开展人体BE前，应当将拟开展的BE项目在CFDA指定的化学仿制药BE与临床试验备案信息平台（网址：be.chinadrugtrials.org.cn）备案。申请人和临床试验机构应当遵循GCP、《药物Ⅰ期临床试验管理指导原则（试行）》，确保试验数据真实、完整、可靠，并对全部试验数据承担法律责任。省级药品监督管理部门负有监管责任。目前，经过资格认定的药物临床试验机构已达到619家。

（5）立卷审查

立卷审查制度主要借鉴自美国新药申请（New Drug Application，NDA）中的相关制度。美国的立卷审查是在《优良药品审评质量管理规范》（Good Review Practices，GRPs）的基础上发展起来的[92]。FDA新药申请立卷审查从申请提交后开始，但是实际工作是从药品研发阶段就已经开始。通过规范程序，依据申请的不同，确定合适项目负责人及审评程序，确定审评级别及召开立卷会议等，保证NDA资料形式和内容的完整性，确保申请质量。节约有限的审评资源，提高审评效率。

过去，我国药品申请程序有2个程序：形式审查与技术审查。形式审查是药品注册申请材料的完整性和规范性进行的审查，由各省药品监督管理部门进行。由于未有相关的指南和标准，药品审评中心收到的申请材料存在一定的差异，审评中需要申请人补充相关资料，延长了审评时间，降低了审评效率[93]。

仿制药一致性评价中首次引入"立卷审查"程序。2017年8月，CFDA发布《关于仿制药一致性评价工作有关事项的公告》（2017年第100号）。公告指出，一致性评价申请由CFDA行政事项受理中心负责受理或接收。先对申报资料进行形式审查，符合要求的，出具受理通知书（处方工艺有变更的）或接收通知书（处方工艺未变更的），受理后，药审中心对企业申报资料进行立卷审查。审评工作一般应当在受理后 120 日内完成。

3.4 仿制药一致性评价工作的进展

3.4.1 一致性评价品种来源分类

2018 年年底前，国家基本药物目录中 289 个品种要求完成仿制药质量和疗效一致性评价。具体品种来源方面又分为：国产仿制药、进口仿制药和原研地产化品种。为进一步推进仿制药质量和疗效一致性评价（以下简称一致性评价）工作，2017 年 4 月 6 号 CFDA 发布了《一致性评价品种分类指导意见的通告》，列出 6 种情形，如表 3-2 所示。

表 3-2 仿制药一致性评价品种来源分类

品种来源		开展一致性评价要求	审核确定
原研进口上市品种		无须开展一致性评价	经 CFDA 审核确定，可作为参比制剂
原研地产化品种		/	经 CFDA 审核确定发布，可作为参比制剂
进口仿制药	上市前按照与原研药品质量和疗效一致原则申报和审评的	企业提交申请，CFDA 审核、发布	
	上市前未按照与原研药品质量和疗效一致原则申报和审评的	需开展一致性评价	
国产仿制药 上市前按照与原研药品质量和疗效一致原则申报和审评的，		企业提交申请，CFDA 审核、发布	

续表

品种来源	开展一致性评价要求	审核确定
改规格、改剂型、改盐基的仿制品种	按照《仿制药质量和疗效一致性评价工作中改规格药品（口服固体制剂）评价一般考虑》《仿制药质量和疗效一致性评价工作中改剂型药品（口服固体制剂）评价一般考虑》《仿制药质量和疗效一致性评价工作中改盐基药品评价一般考虑》等指导原则开展一致性评价	
国内特有品种	开展临床试验，参照《化学药品仿制药口服固体制剂质量和疗效一致性评价申报资料要求（试行）》提交申请	审核通过后视为通过一致性评价
视同通过一致性评价的品种豁免情形	国内药品生产企业已在欧盟、美国或日本获准上市的仿制药；在中国境内用同一条生产线生产上市并在欧盟、美国或日本获准上市的药品	经一致性评价办公室审核批准视同通过一致性评价

注："/" 表示未说明是否需要开展。

根据 CFDA《关于发布化学药品注册分类改革工作方案的公告》（2016 年第 51 号），对化学药品注册分类类别进行调整，化学药品新注册分类共分为 5 个类别，其中仿制药主要分为 2 种情形，即仿制境外上市但境内未上市原研药品的药品和仿制境内已上市原研药品的药品。如果按照这 2 种情形注册申报仿制药，经过批准，视为通过一致性评价的品种。例如，恒瑞紫杉醇白蛋白以"按化学药品新注册分类批准的仿制药"被纳入中国上市产品目录集。

3.4.2 分品种、分剂型阶段实施

2018 年年底前，首批需要完成的 289 个基本药物品种，涉及的批准文

号有 17 740 个（包括 17 636 个国产批准文号和 104 个进口药品注册证），涵盖了 1817 家国内制药企业和 42 家进口药品企业[34]（图 3-3）。

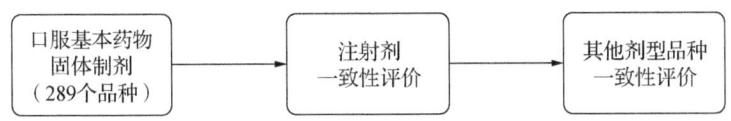

图 3-3 一致性评价分阶段进行示意

2017 年 12 月 22 日，国家药品监督管理总局药品审评中心发布《已上市化学仿制药（注射剂）一致性评价技术要求》征求意见稿，化学仿制药注射剂一致性评价工作也正在开展中。

主要涉及处方研究（原料、辅料），工艺研究（含工艺验证），药学研究（质量控制、杂质研究、稳定性），安全性研究，药包材相容性研究，胶管相容性研究（如使用）等，无参比制剂的还应进行临床有效性研究（涉及临床备案）。

3.4.3 公布的参比制剂分析

参比制剂是一致性评价中的关键起点。参比制剂的选择和可获得性直接影响仿制药一致性评价工作能否顺利开展。

（1）参比制剂管理变化

参比制剂由备案制改为审批制。2016 年 3 月，CFDA 发布《普通口服固体制剂参比制剂选择和确定指导原则》中说明对参比制剂实施备案管理。2016 年 5 月 18 日，CFDA 发布《仿制药一致性评价参比制剂备案与推荐程序》，明确企业可以通过备案的方式选择参比制剂。行业协会可组织同品种生产企业提出参比制剂的推荐意见。该文件同时指出：CFDA 对参比制剂的企业备案信息、行业协会等推荐信息，及时发布，供生产企业参考；对审核确定的参比制剂信息，药品生产企业原则上应选择公布的参比制剂开展一致性评价。

（2）参比制剂公布情况

截至 2018 年 10 月 14 日，CFDA 共发布了 16 批参比制剂目录，共计 1086 条信息。参比制剂来源中，最多的是原研进口，其次是美国橙皮书，同时第 11 批后出现了原研地产化品种。一个品规的参比制剂可以有多个，同一品规的参比制剂可以来自不同国家，例如，第 14 批增补品种盐酸多塞平片 25 mg，第 7 批公布的产地和上市国家为希腊，增补信息中产地和上市国家为德国。另外，参比制剂来源中亦有澳大利亚、加拿大、俄罗斯上市的品种。在 1086 条信息中，非 289 目录品种的参比制剂占 75% 以上，289 目录品种不到 25%。

（3）289 品种目录参比制剂分析

2017 年 12 月 8 号，药品审评中心发布《289 目录品种参比制剂基本情况表》的通知，对 289 品种目录的参比制剂基本情况进行了公布。并在 2018 年 2 月 14 日依据《仿制药参比制剂目录》（第 11 至第 13 批）、药审中心《关于进一步做好 289 基药目录中国内特有品种一致性评价工作有关事宜的通知》和最新的企业备案情况，对基本情况表进行了更新。根据 CFDA 公布的参比制剂目录（第 14 至第 16 批）信息分析，截至 2018 年 10 月 26 日，289 目录中共有 169 个品种公布了参比制剂，仍有很多品种未公布参比制剂。

3.4.4 已获批品种、剂型、厂家分析

2017 年 12 月 29 日，CFDA 药品审评中心正式发布《中国上市药品目录集》，网络版（数据库）也同步上线，提供公开查询。

截至 2018 年 10 月 1 日，查询《中国上市药品目录集》数据库，检索"通过质量和疗效一致性评价"信息，共有 67 条，也即是 67 个品种规格通过了一致性评价。其中"按化学药品新注册分类批准的仿制药"，共有信息 29 条，汇总后共 96 个品种、规格的产品通过一致性评价或视为通过一致性评价。对这 96 个品种、规格的药品按不同分类进行分析如下。

（1）按是否属于 289 品种目录分类

通过一致性评价的 96 个品种规格中，属于 289 品种目录的产品及规格有 30 个，其余 66 个品规不属于 289 品种目录范围内，如图 3-4 所示。

从表 3-3 可以看出，企业首先选择申报的品种大多基于具有市场优势的产品，而非 289 品种目录优先。尽管 289 品种规格目录产品时间大限非常紧急。一致性评价投入大，企业必须要考虑投入产出问题，考虑一致性评价通过后产品的营利问题。

这 30 个品种、规格，总共是 17 个品种，也即是 289 个品种目前的完成率为 6%，如图 3-5 所示。所以在 2018 年完成 289 个品种的一致性评价工作，时间上非常紧迫。

通过一致性评价的产品剂型以口服剂型为主，但也有 11 个注射剂和 1 个吸入制剂完成一致性评价，除注射用阿奇霉素（0.5 g）是通过质量和

第三章 我国仿制药一致性评价政策改革研究

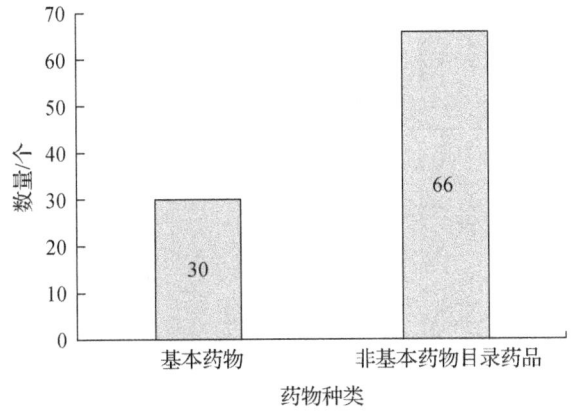

图 3-4 96 个品种中基本药物和非基本药物数量

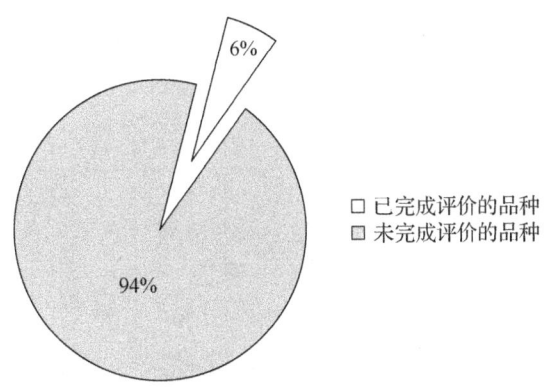

图 3-5 289 个品种完成仿制药质量和疗效一致性评价情况（截至 2018 年 10 月 2 日）

疗效一致性评价的药品外，其余的评价方式全部为按化学药品新注册分类批准的仿制药。

2017 年 CFDA 发布《关于仿制药一致性评价工作有关事项的公告》（2017 年第 100 号）中指出，同品种药品通过一致性评价的达到 3 家以上的，在药品集中采购等方面不再选用未通过一致性评价的品种。由于通知中未表明是否是同品种同剂型规格，按照仿制药的定义，我们以同品种、同剂型、同规格达到 3 家以上来统计一个品种有 3 家以上通过一致性评价的情况，如表 3-4 所示，一共有 4 个品种的有 3 家企业通过一致性评价，企业通过的品种大多为 2 家或 1 家企业通过。

表3-3 31个通过一致性评价的基本药物（289基本药物目录内药品）

批准文号/注册证号	药品名称	剂型	规格	批准日期	上市许可持有人/生产厂商	适应证	是否为289基药目录
国药准字H10950134	阿法骨化醇片	片剂	0.5 μg	2018年5月24日	重庆药友制药有限责任公司	治疗骨质疏松	是
国药准字H10950135	阿法骨化醇片	片剂	0.25 μg	2018年5月24日	重庆药友制药有限责任公司	治疗骨质疏松	是
国药准字H10980218	阿奇霉素片	片剂	0.25 g	2018年4月4日	石药集团欧意药业有限公司	抗感染药物	是
国药准字H13021309	卡托普利片	片剂	25 mg	2018年6月13日	石药集团欧意药业有限公司	降压药	是
国药准字H19990307	蒙脱石散	散剂	每袋含蒙脱石3 g	2018年6月22日	先声药业有限公司	治疗腹泻	是
国药准字H20000400	头孢呋辛酯片	片剂（薄膜衣）	250 mg（按C16H16N4O8S计）	2017年12月28日	国药集团致君（深圳）制药有限公司	抗感染药	是
国药准字H20000542	硫酸氢氯吡格雷片	片剂	25 mg（按C16H16ClNO2S计）	2018年4月2日	深圳信立泰药业股份有限公司	心血管药	是
国药准字H20010025	头孢呋辛酯片	片剂	0.125 g（按C16H16N4O8S计）	2018年6月25日	成都倍特药业有限公司	抗感染药	是

第三章 我国仿制药一致性评价政策改革研究

续表

批准文号/注册证号	药品名称	剂型	规格	批准日期	上市许可持有人/生产厂商	适应证	是否为289基药目录
国药准字H20010026	头孢呋辛酯片	片剂	0.25 g（按 C16H16N4O8S 计）	2018年6月25日	成都倍特药业有限公司	抗感染药	是
国药准字H20010096	头孢呋辛酯片	片剂	0.25 g（按 C16H16N4O8S 计）	2018年8月6日	珠海联邦制药股份有限公司中山分公司	抗感染药	是
国药准字H20010116	头孢呋辛酯片	片剂	0.125 g（按 C16H16N4O8S 计）	2018年7月4日	国药集团致君（深圳）制药有限公司	抗感染药	是
国药准字H20010700	苯磺酸氨氯地平片	片剂	5 mg（按 C20H25ClN2O5 计）	2018年7月24日	华润赛科药业有限责任公司	降压药	是
国药准字H20020468	苯磺酸氨氯地平片	片剂	5 mg（按 C20H25ClN2O5 计）	2018年6月6日	扬子江药业集团上海海尼药业有限公司	降压药	是
国药准字H20030872	奈韦拉平片	片剂	0.2 g	2018年5月14日	浙江华海药业股份有限公司	抗艾滋病药	是
国药准字H20031081	阿奇霉素片	片剂	0.5 g	2018年4月4日	石药集团欧意药业有限公司	抗感染药物	是

续表

批准文号/注册证号	药品名称	剂型	规格	批准日期	上市许可持有人/生产厂商	适应证	是否为289基药目录
国药准字H20031106	盐酸帕罗西汀片	片剂	20 mg（以帕罗西汀计算）	2017年12月27日	浙江华海药业股份有限公司	抗抑郁药	是
国药准字H20052330	利培酮片	片剂	1 mg	2017年12月27日	浙江华海药业股份有限公司	抗精神病药	是
国药准字H20053263	蒙脱石散	散剂	每袋含蒙脱石 3 g	2018年7月27日	扬子江药业集团有限公司	治疗腹泻	是
国药准字H20073592	格列苯脲	片剂	2 mg	2018年7月16日	扬子江药业集团广州海瑞药业有限公司	降糖药	是
国药准字H20083008	富马酸比索洛尔片	片剂	5 mg	2018年7月20日	成都苑东生物制药股份有限公司	高血压、冠心病	是
国药准字H20083315	阿奇霉素胶囊	胶囊剂	0.25 g	2018年9月10日	苏州二叶制药有限公司	抗感染	是
国药准字H20083618	苯磺酸氨氯地平片	片剂	5 mg	2018年2月9日	江苏黄河药业股份有限公司	降压药、冠心病	是
国药准字H20093601	蒙脱石散	散剂	每袋含蒙脱石 3 g	2018年6月22日	四川维奥制药有限公司	治疗腹泻	是

第三章 我国仿制药一致性评价政策改革研究

续表

批准文号/注册证号	药品名称	剂型	规格	批准日期	上市许可持有人/生产厂商	适应证	是否为289基药目录
国药准字H20120035	硫酸氢氯吡格雷片	片剂	75 mg（按C16H16ClNO2S计）	2017年12月27日	深圳信立泰药业股份有限公司	预防动脉粥样硬化	是
国药准字H20163464	依非韦伦片	片剂	0.6 g	2018年5月14日	上海迪赛诺生物医药有限公司	抗艾滋病药	是
国药准字H20183289	盐酸二甲双胍片	片剂	0.5 g	2018年7月12日	石药集团欧意药业有限公司	降糖药	是
国药准字H32023731	卡托普利片	片剂	25 mg	2018年6月25日	常州制药厂有限公司	降压药	是
国药准字H32026567	马来酸依那普利片	片剂	10 mg	2018年4月3日	扬子江药业集团江苏制药股份有限公司	降压药	是
国药准字H32026568	马来酸依那普利片	片剂	5 mg	2018年4月3日	扬子江药业集团江苏制药股份有限公司	降压药	是
国药准字H44021351	阿莫西林胶囊	胶囊剂	0.25 g	2018年4月4日	珠海联邦制药股份有限公司中山分公司	抗感染药物	是
国药准字H11020127	盐酸二甲双胍片	片剂	0.25 g	2018年9月26日	北京四环制药有限公司	降糖药	是

表3-4 有3家企业通过一致性评价的品种一览

药品名称	剂型	规格	生产企业	通过一致性评价企业数/家
苯磺酸氨氯地平片	片剂	5 mg	江苏黄河药业股份有限公司	3
苯磺酸氨氯地平片	片剂	5 mg	扬子江药业集团上海海尼药业有限公司	3
苯磺酸氨氯地平片	片剂	5 mg	华润赛科药业有限责任公司	3
富马酸替诺福韦二吡呋酯片	片剂	300 mg	正大天晴药业集团股份有限公司	3
富马酸替诺福韦二吡呋酯片	片剂	300 mg	齐鲁制药有限公司	3
富马酸替诺福韦二吡呋酯片	片剂	300 mg	成都倍特药业有限公司	3
蒙脱石散	散剂	3 g	四川维奥制药有限公司	3
蒙脱石散	散剂	3 g	扬子江药业集团有限公司	3
蒙脱石散	散剂	3 g	先声药业有限公司	3
瑞舒伐他汀钙片	片剂	10 mg	海正辉瑞制药有限公司	3
瑞舒伐他汀钙片	片剂	10 mg	南京正大天晴制药有限公司	3
瑞舒伐他汀钙片	片剂	10 mg	浙江京新药业股份有限公司	3

（2）通过一致性评价的96个品种按治疗类别分类

按照治疗类别分（图3-6），共有降压药22个品规、抗感染药物13个品规、降脂药9个品规、抗精神病抗抑郁药8个品规、抗癫痫药2个品规、抗艾滋病及乙肝用药8个品规、抗肿瘤药6个品规、抗过敏及哮喘4个品规、降糖药3个品规、非甾体抗炎药3个品规、治疗腹泻3个品规、抗真菌药3个品规、抗血小板聚药3个品规、治疗骨质疏松2个品规，以及其他治疗肺动脉高压、镇痛药等5个品规。从治疗类别看，以降压、降脂、降糖等心血管用药、抗感染药物所占种类最多。

第三章 我国仿制药一致性评价政策改革研究

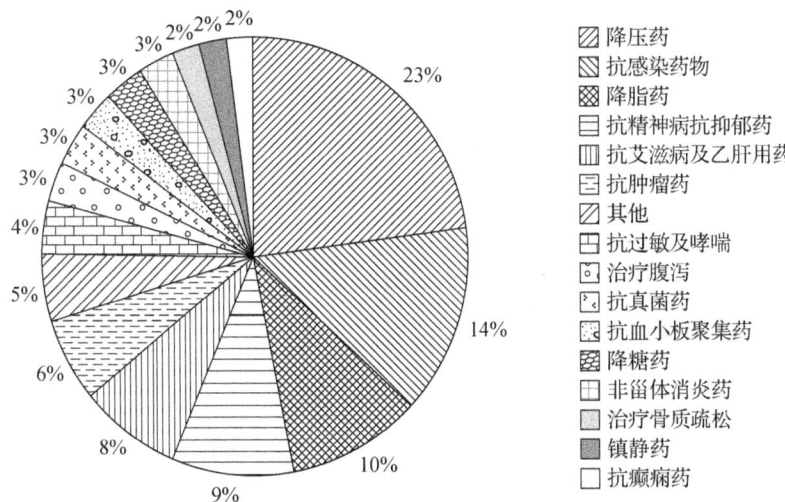

图 3-6 通过一致性评价品种规格治疗领域分类

(3) 通过一致性评价的 96 个品种按企业分类

从表 3-5 可以看出，浙江华海药业股份有限公司成为仿制药质量和疗效通过最多的企业，有 15 个品规通过了一致性评价，其次是石药集团欧意药业有限公司和扬子江药业集团有限公司，有 7 个品规产品通过了一致性评价，海正辉瑞制药有限公司有 5 个品规通过了一致性评价，江苏豪森药业集团有限公司有 4 个品规通过了一致性评价，齐鲁制药有限公司、上海安必生制药技术有限公司（杭州民生滨江制药有限公司）、成都倍特药业有限公司、成都苑东生物制药股份有限公司、浙江京新药业股份有限公司、深圳信立泰药业股份有限公司 6 家企业通过一致性评价的品种规格有 3 个，浙江新东港药业股份有限公司等 11 家企业有 2 个品种通过一致性评价，另有 18 家企业有 1 个品规通过了一致性评价。

表 3-5 通过一致性评价的品种企业一览

生产企业	品种	剂型	规格	拥有品种、规格数
浙江华海药业股份有限公司	厄贝沙坦片	片剂	75 mg	15 种
	奈韦拉平片	片剂	0.2 g	
	盐酸帕罗西汀片	片剂	20 mg（以帕罗西汀计算）	

续表

生产企业	品种	剂型	规格	拥有品种、规格数
浙江华海药业股份有限公司	利培酮片	片剂	1 mg	15 种
	厄贝沙坦氢氯噻嗪片	片剂	厄贝沙坦 150 mg/氢氯噻嗪 12.5 mg	
	福辛普利钠片	片剂	10 mg	
	氯沙坦钾片	片剂	50 mg	
	赖诺普利片	片剂	5 mg	
	赖诺普利片	片剂	10 mg	
	氯沙坦钾片	片剂	100 mg	
	缬沙坦片	片剂	80 mg	
	缬沙坦片	片剂	160 mg	
	缬沙坦片	片剂	40 mg	
	伏立康唑片	片剂	50 mg	
	伏立康唑片	片剂	0.2 g	
扬子江药业集团有限公司	格列美脲片	片剂	2 mg	7 种
	马来酸依那普利片	片剂	10 mg	
	马来酸依那普利片	片剂	5 mg	
	苯磺酸氨氯地平片	片剂	5 mg（按 C20H25ClN2O5 计）	
	蒙脱石散	散剂	每袋含蒙脱石 3 g	
	盐酸右美托咪定注射液	注射剂	2 mL：0.2 mg（按右美托咪定计）	
	盐酸右美托咪定注射液	注射剂	1 mL：0.1 mg（按右美托咪定计）	
石药集团欧意药业有限公司	盐酸曲马多片	片剂	50 mg	7 种
	阿奇霉素片	片剂	0.25 g	
	卡托普利片	片剂	25 mg	
	阿奇霉素片	片剂	0.5 g	

续表

生产企业	品种	剂型	规格	拥有品种、规格数
石药集团欧意药业有限公司	盐酸二甲双胍片	片剂	0.5 g	7种
	盐酸二甲双胍片	片剂	0.85 g	
	注射用紫杉醇（白蛋白结合型）	注射剂	100 mg	
海正辉瑞制药有限公司	厄贝沙坦片	片剂	75 mg	5种
	厄贝沙坦片	片剂	150 mg	
	厄贝沙坦片	片剂	300 mg	
	瑞舒伐他汀钙片	片剂	5 mg	
	瑞舒伐他汀钙片	片剂	10 mg	
江苏豪森药业集团有限公司	奥氮平片	片剂	10 mg	4种
	奥氮平片	片剂	5 mg	
	甲磺酸伊马替尼片	片剂	0.1 g（按 $C_{29}H_{31}N_7O$ 计）	
	安立生坦片	片剂	5 mg	
齐鲁制药有限公司	盐酸特比萘芬片	片剂	0.125 g（按 $C_{21}H_{25}N$ 计）	3种
	吉非替尼片	片剂	250 mg	
	富马酸替诺福韦二吡呋酯片	片剂	0.3 g	
上海安必生制药技术有限公司（杭州民生滨江制药有限公司）	孟鲁司特钠咀嚼片	片剂	4 mg（以孟鲁司特计）	3种
	孟鲁司特钠咀嚼片	片剂	5 mg（以孟鲁司特计）	
	孟鲁司特钠片	片剂	10 mg（以孟鲁司特计）	

续表

生产企业	品种	剂型	规格	拥有品种、规格数
成都倍特药业有限公司	头孢呋辛酯片	片剂	0.125 g（按 C16H16N4O8S 计）	3 种
	头孢呋辛酯片	片剂	0.25 g（按 C16H16N4O8S 计）	
	富马酸替诺福韦二吡呋酯片	片剂	300 mg	
成都苑东生物制药股份有限公司	富马酸比索洛尔片	片剂	5 mg	3 种
	布洛芬注射液	注射剂	4 mL：0.4 g	
	布洛芬注射液	注射剂	8 mL：0.8 g	
浙江京新药业股份有限公司	瑞舒伐他汀钙片	片剂	5 mg	3 种
	瑞舒伐他汀钙片	片剂	10 mg	
	左乙拉西坦片	片剂	0.25 g	
深圳信立泰药业股份有限公司	硫酸氢氯吡格雷片	片剂	25 mg（按 C16H16ClNO2S 计）	3 种
	硫酸氢氯吡格雷片	片剂	75 mg（按 C16H16ClNO2S 计）	
	替格瑞洛片	片剂	90 mg	
浙江新东港药业股份有限公司	阿托伐他汀钙片	片剂	10 mg（以 C33H35FN2O5 计）	2 种
	阿托伐他汀钙片	片剂	20 mg（按 C33H35FN2O5 计）	

续表

生产企业	品种	剂型	规格	拥有品种、规格数
正大天晴药业集团股份有限公司	恩替卡韦分散片	片剂	0.5 mg	2种
	富马酸替诺福韦二吡呋酯片	片剂	300 mg	
重庆药友制药有限责任公司	阿法骨化醇片	片剂	0.5 μg	2种
	阿法骨化醇片	片剂	0.25 μg	
珠海联邦制药股份有限公司中山分公司	头孢呋辛酯片	片剂	0.25 g（按C16H16N4O8S计）	2种
	阿莫西林胶囊	胶囊剂	0.25 g	
北京嘉林药业股份有限公司	阿托伐他汀钙片	片剂	10 mg（以C33H35FN2O5计）	2种
	阿托伐他汀钙片	片剂	20 mg（以阿托伐他汀C33H35FN2O5计）	
四川汇宇制药有限公司	注射用培美曲塞二钠	注射剂	500 mg	2种
	注射用培美曲塞二钠	注射剂	100 mg	
广东东阳光药业有限公司	克拉霉素缓释片	片剂	500 mg	2种
	盐酸莫西沙星片	片剂	0.4 g（以莫西沙星计）	
国药集团致君（深圳）制药有限公司	头孢呋辛酯片	片剂（薄膜衣）	250 mg（按C16H16N4O8S计）	2种
	头孢呋辛酯片	片剂	0.125 g（按C16H16N4O8S计）	

续表

生产企业	品种	剂型	规格	拥有品种、规格数
江苏恒瑞医药股份有限公司	盐酸氨溴索片	片剂	30 mg	2 种
	注射用紫杉醇（白蛋白结合型）	注射剂	100 mg	
江西青峰药业有限公司	恩替卡韦分散片	片剂	0.5 mg	2 种
	恩替卡韦胶囊	胶囊剂	0.5 mg	
南京正大天晴制药有限公司	厄贝沙坦氢氯噻嗪片	片剂	每片含厄贝沙坦 150 mg，氢氯噻嗪 12.5 mg	2 种
	瑞舒伐他汀钙片	片剂	10 mg	
哈尔滨三联药业股份有限公司	米氮平片	片剂	15 mg	1 种
海南普利制药股份有限公司	注射用阿奇霉素	注射剂	0.5 g（按 $C_{38}H_{72}N_2O_{12}$ 计）	1 种
湖南洞庭药业股份有限公司	草酸艾司西酞普兰片	片剂	10 mg（以艾司西酞普兰计）	1 种
华润赛科药业有限责任公司	苯磺酸氨氯地平片	片剂	5 mg（按 $C_{20}H_{25}ClN_2O_5$ 计）	1 种
上海迪赛诺生物医药有限公司	依非韦伦片	片剂	0.6 g	1 种

第三章　我国仿制药一致性评价政策改革研究

续表

生产企业	品种	剂型	规格	拥有品种、规格数
上海恒瑞医药有限公司	吸入用地氟烷	吸入制剂	240 mL	1种
上海上药中西制药有限公司	盐酸氟西汀胶囊	胶囊剂	20 mg	1种
四川国为制药有限公司	琥珀酸索利那新片	片剂	5 mg	1种
四川科伦药业股份有限公司	草酸艾司西酞普兰片	片剂	10 mg	1种
四川维奥制药有限公司	蒙脱石散	散剂	每袋含蒙脱石 3 g	1种
苏州二叶制药有限公司	阿奇霉素胶囊	胶囊剂	0.25 g	1种
武汉大安制药有限公司	氟比洛芬酯注射液	注射剂	5 mL：50 mg	1种
先声药业有限公司	蒙脱石散	散剂	每袋含蒙脱石 3 g	1种
长春海悦药业股份有限公司	孟鲁司特钠颗粒	颗粒剂	0.5 g：4 mg（以孟鲁司特计）	1种

续表

生产企业	品种	剂型	规格	拥有品种、规格数
Otsuka Pharmaceutical Factory, Inc.	注射用头孢唑林钠/氯化钠注射液	注射剂	粉体室：按头孢唑林计1.0g；液体室：氯化钠注射液100 mL：0.9 g	1种
常州制药厂有限公司	卡托普利片	片剂	25 mg	1种
重庆圣华曦药业股份有限公司	左乙拉西坦口服溶液	口服溶液剂	150 mL：15 g	1种
江苏黄河药业股份有限公司	苯磺酸氨氯地平片	片剂	5 mg	1种

3.4.5 一致性评价现阶段审评受理情况分析

根据药智网数据，截至2018年10月17日，CDE受理一致性评价受理号共计429个，涉及156家企业的171个品种。2018年9月CDE共受理一致性评价受理号81个，是一致性评价工作开展以来申报受理最多的一个月，比8月增长32.79%。9月的注射剂受理号有26个，涉及14个品种，占9月总受理量的25%以上，如表3-6所示。2018年9月共有30个品规的289目录药品申报受理，涉及23家企业的17个品种。

第三章 我国仿制药一致性评价政策改革研究

表3-6 2018年9月注射剂一致性评价受理详情

受理号	药品名称	注册分类	申请类型	承办日期	企业名称	办理状态	状态开始日
CYHB1850227	盐酸氨溴索注射液	化药	补充申请	2018-09-30	成都倍特药业有限公司	在审评审批中	2018-09-29
CYHB1850233	磷达肝癸钠注射液	化药	补充申请	2018-09-30	江苏恒瑞医药股份有限公司	在审评审批中	2018-09-29
CYHB1850230	利奈唑胺葡萄糖注射液	化药	补充申请	2018-09-29	江苏豪森药业集团有限公司	在审评审批中	2018-09-28
CYHB1850231	利奈唑胺葡萄糖注射液	化药	补充申请	2018-09-29	江苏豪森药业集团有限公司	在审评审批中	2018-09-28
CYHB1850222	唑来膦酸注射液	化药	补充申请	2018-09-28	四川科伦药业股份有限公司	在审评审批中	2018-09-27
CYHB1850216	多西他赛注射液	化药	补充申请	2018-09-25	江苏恒瑞医药股份有限公司	在审评审批中	2018-09-21
CYHB1850217	盐酸伊立替康注射液	化药	补充申请	2018-09-25	齐鲁制药（海南）有限公司	在审评审批中	2018-09-21
CYHB1850218	盐酸伊立替康注射液	化药	补充申请	2018-09-25	齐鲁制药（海南）有限公司	在审评审批中	2018-09-21
CYHB1840085	盐酸屈他维林注射液	化药	补充申请	2018-09-25	扬州制药有限公司	在审评审批中	2018-09-21
CYHB1850204	多索茶碱注射液	化药	补充申请	2018-09-19	浙江北生药业汉生制药有限公司	在审评审批中	2018-09-18
CYHB1850205	多索茶碱注射液	化药	补充申请	2018-09-19	浙江北生药业汉生制药有限公司	在审评审批中	2018-09-18
CYHB1850203	多索茶碱注射液	化药	补充申请	2018-09-19	浙江北生药业汉生制药有限公司	在审评审批中	2018-09-18
CYHB1850186	甲钴胺注射液	化药	补充申请	2018-09-06	扬子江药业集团南京海陵药业有限公司	在审评审批中	2018-09-04

续表

受理号	药品名称	注册分类	申请类型	承办日期	企业名称	办理状态	状态开始日
CYHB1840093	注射用头孢地嗪钠	化药	补充申请	2018-09-28	成都倍特药业有限公司	在审评审批中	2018-09-27
CYHB1840094	注射用头孢地嗪钠	化药	补充申请	2018-09-28	成都倍特药业有限公司	在审评审批中	2018-09-27
CYHB1840091	注射用头孢地嗪钠	化药	补充申请	2018-09-28	成都倍特药业有限公司	在审评审批中	2018-09-27
CYHB1840092	注射用头孢地嗪钠	化药	补充申请	2018-09-28	成都倍特药业有限公司	在审评审批中	2018-09-27
CYHB1850219	注射用盐酸昔西他滨	化药	补充申请	2018-09-25	江苏豪森药业集团有限公司	在审评审批中	2018-09-21
CYHB1850198	注射用奥美拉唑钠	化药	补充申请	2018-09-21	江苏奥赛康药业股份有限公司	在审评审批中	2018-09-19
CYHB1850199	注射用奥美拉唑钠	化药	补充申请	2018-09-21	江苏奥赛康药业股份有限公司	在审评审批中	2018-09-19
CYHB1840076	注射用哌拉西林钠他唑巴坦钠	化药	补充申请	2018-09-13	齐鲁天和惠世制药有限公司	在审评审批中	2018-09-12
CYHB1840077	注射用哌拉西林钠他唑巴坦钠	化药	补充申请	2018-09-13	齐鲁天和惠世制药有限公司	在审评审批中	2018-09-12
CYHB1840075	注射用哌拉西林钠他唑巴坦钠	化药	补充申请	2018-09-13	齐鲁天和惠世制药有限公司	在审评审批中	2018-09-12
CYHB1840073	注射用美罗培南	化药	补充申请	2018-09-07	深圳市海滨制药有限公司	在审评审批中	2018-09-05
CYHB1840071	注射用美罗培南	化药	补充申请	2018-09-07	深圳市海滨制药有限公司	在审评审批中	2018-09-05
CYHB1840072	注射用美罗培南	化药	补充申请	2018-09-07	深圳市海滨制药有限公司	在审评审批中	2018-09-05

3.5 仿制药一致性评价政策的激励措施

为了鼓励仿制药企业开展一致性评价,国务院办公厅和食品药品监督管理总局制定了多项推动一致性评价的激励政策。

3.5.1 采购使用

同品种药品通过一致性评价的生产企业达到3家以上的,在药品集中采购等方面不再选用未通过一致性评价的品种,未超过3家的,优先采购和使用已通过一致性评价的品种。

3.5.2 医保支付

有关部门将加快指定相关医保支付标准,按照通用名药价格制定相应支付标准,改变以往按比例支付,形成有利于竞争的医保支付标准,从而节约有限的医保资金。2018年8月30日,国务院召开第22次常务会议,原则审议通过了《关于完善国家基本药物制度的意见》和目录调整工作。基本药物目录调整更加注重与仿制药质量和疗效一致性评价联动,强调按程序将通过一致性评价的药品品种优先纳入基本药物目录,逐步将未通过一致性评价的基本药物仿制药品种调出目录。

3.5.3 加强沟通、交流

在CFDA发布的有关一致性评价的各种公告、指南、通知中,可以看到不少政策是有关一致性评价过程中的沟通和交流的规定。

例如,CFDA2018年9月发布的《关于进一步做好289基药品种一致性评价申报与技术审评相关工作的通知》中规定了4项措施服务好289基药品种一致性评价工作,在4项措施中有3项是加强交流沟通的,沟通方式包括建立沟通渠道——申请人之窗、电话、邮件、面对面交流还有审评中心与仿制药一致性评价办公室进行培训等。通过建立有效畅通的沟通渠道,将为一致性评价工作顺利开展提供桥梁。

3.5.4 信息透明度高

一致性评价工作中的信息透明度较高。CFDA、中国食品药品检定研究院等官网建立"仿制药质量和疗效一致性评价专栏",有关仿制药一致性评价政策、政策解读、指南、公布参比制剂等信息可以通过官网便捷查询。通过仿制药一致性评价的所有产品信息(包括药品说明书及审评信息)都发布在中国上市药品目录集数据库中,任何人都可以通过互联网公开获取。

3.5.5 各省激励措施

(1) 财政资金支持

2016年9月,北京市科委出台《关于征集仿制药一致性评价科研项目的通知》,文件指出为贯彻落实国家仿制药一致性评价政策,保障基本药物供给侧改革,对289品种目录药品开展体外评价研究拟支持科技经费100万~200万元,开展BE试验的品种拟支持科技经费200万~300万元。

2018年3月,广州市人民政府发布《关于印发广州市加快生物医药产业发展若干规定(试行)的通知》,通知规定对289品种目录内口服固体制剂药品及前3名通过一致性评价的其他化学药物,每品种给予200万元的资金支持。对相关的GLP、GCP、委托合同研究机构(CRO)等服务机构,按年度合同金额及发票依据的5%给予奖励,最高不超过500万元。

2018年5月,江西省食药监局等四部门决定,对在规定期限内通过一致性评价的每家药品生产企业每个品种给予50万~100万元的项目资金支持和补助,并可按规定享受有关税收优惠政策。

2018年8月,青岛市政府发布《关于推进和鼓励仿制药一致性评价若干政策措施的通知》(青政办发〔2018〕16号),通知明确对通过国家仿制药一致性评价的品种(不同规格视为一个品种,下同),投产后每个品种给予300万元补助。对已通过国家仿制药一致性评价,转移到我市并按照GMP进行生产的市外药品,给予同等补助。对仿制药一致性评价中BE豁免的,并最终通过国家仿制药一致性评价的品种,每个品种奖励100万元。

(2) 采购、使用政策

根据公开信息,包括天津、山西、内蒙古、辽宁、吉林、山东和黑龙江等省(市、区)在招标采购时都给予了优待,将通过仿制药质量一致性评价药品列入第一竞价组。陕西省明确在该省药品集中采购时,将通过一致性评价品种与原研药同等对待。江西省明确对于通过一致性评价的药品,将其与原研药同等对待,在药品集中采购时,将二者纳入同一竞价组,并在经济技术标给予相应加分,同等条件下优先采购。

第三章　我国仿制药一致性评价政策改革研究

青岛市规定在药品招标采购和临床用药方面给予支持，同等条件下市属和基层医疗机构优先配备使用本市通过一致性评价的品种。其他各省出台的文件中也都有优先采购、使用。

3.6 仿制药一致性评价对医药产业影响的分析

3.6.1 配套政策实施后，将会提升仿制药市场份额

289品种目录中产品的市场份额中，原研药通常占据大部分市场份额，多家国产仿制药共享剩余的小部分市场份额。通过仿制药一致性评价的品种，如果医保支付价格制定以最低仿制药价格作为支付价格，改变以往按比例报销的方式，由于经济激励政策，加上后续仿制药替代政策等，将会大幅提升仿制药市场份额，原研药所占市场份额则会下降。

3.6.2 仿制药产业集中度提升，中小企业或面临淘汰

拥有通过仿制药一致性评价的品种的企业差异较大，拥有较多通过一致性评价品种的企业将会抢占先机，成为市场的龙头企业。中小企业没有通过一致性评价的或将面临无药可生产的局面。根据药品上市许可持有人制度，上市许可持有人可委托其他药品生产企业生产药品，可利用闲置的资源。

3.6.3 给上下游企业带来机遇和挑战

仿制药一致性评价政策的推行给临床研究合同组织、药物临床试验基地、原料药生产企业、制药器械、辅料生产企业等上下游企业带来广泛而深远的影响。一致性评价的BE试验的价格高达几百万元，BE试验基地的备案制等给BE试验基地带来较大的发展机遇。对临床试验数据的规范管理等法规完善也为BE试验基地、CRO公司发展提供了制度保障。原辅料生产企业必须提高研究水平，不断生产、研发高质量的医药原辅料、包装材料等，将为一致性评价提供最基本的产品质量保证。

3.6.4 加速仿制药企业的国际化，增强企业的竞争力

根据工业和信息化部统计数据，我国医药产品出口额占全球医药市场的

仿制药一致性评价政策研究

比例为 5.1%。我国制药企业出口比例较低,说明我国制剂产品的国际竞争力不足。根据 CFDA 最新公告,国内药品生产企业已在欧盟、美国和日本获准上市的仿制药,可以以国外注册申报的相关资料为基础,按照化学药品新注册分类申报药品上市,批准上市后视同通过一致性评价;在中国境内用同一生产线生产上市并在欧盟、美国和日本获准上市的药品,视同通过一致性评价。该政策可以激励出口药企业,推动制药企业的国际化,增强制药企业在国际上的竞争力。

第四章 国外仿制药一致性评价政策及借鉴

4.1 美国仿制药相关制度

4.1.1 美国 Hatch-Waxman 法案

1984 年，美国国会通过了 Hatch-Waxman 法案，即是《药品价格竞争与专利期补偿法》（Drug Price Competition and Patent Term Restoration Act）。该法案是仿制药市场准入制度上的重要里程碑，也为世界各国仿制药准入立法提供了范本。

1962 年美国的《食品药品化妆品法案》通过后，所有药品上市必须要经过安全性和有效性的证明，到 1984 年 Hatch-Waxman 法案出台之前的长达 22 年的时间里，共有 150 个专利药过期但是却没有相应的仿制药上市。专利药由于缺乏市场竞争依然保持了价格垄断和市场垄断，这大大增加了美国国家医疗保险的费用。美国公众不断呼吁政府建立一个有效的法律体系，以促进仿制药的上市，让公众可以买得起价格合理的药品[38]。

1983 年，罗氏公司诉 Bolar 公司专利侵权，Bolar 公司从加拿大进口安眠药盐酸氟西泮，用于开展生物等效性试验。而该药的专利商罗氏公司认为，Bolar 公司在该药专利未到期之前就进口该原料药用于研发，违反了专利法，侵犯了公司的专利权。因此，罗氏公司将 Bolar 公司告上法庭。经过二审，联邦巡回上诉法院认为，Bolar 公司在盐酸氟西泮专利期内进行 BE 试验的目的是为了商业竞争，不属于专利法中豁免情形，判定 Bolar 公司侵权。但是法院同时提出，在专利到期之前禁止仿制药的 BE 试验研究相当于变相延长其专利保护期。为了平衡原研药物企业与仿制药企业之间的矛盾，Hatch-Waxman 法案出台[94]。该法案的重要改革举措主要包括以下方面。

①简化仿制药的审批上市。根据该法案，仿制药申报和审批不再要求像专利药一样进行临床前毒理等研究和临床Ⅰ期、Ⅱ期、Ⅲ期试验，即减少了

已经经过验证药品安全性和有效性试验，只需在健康人体进行少数病例（24例）的生物等效性试验，根据试验结果，符合药代动力学指标要求的范围之内，即可上市。

②专利链接制度。美国链接制度包括4个部分：橙皮书（Orange Book）制度、专利声明制度、遏制期制度、首仿药市场独占期制度。

橙皮书制度要求原研药企业在申请药品上市时需要提交专利信息，在原研药上市之后，FDA将相关专利信息登记在桔皮书中。目前，我国已建立起类似于美国橙皮书制度的中国上市药品目录集，目录集的附录里收录了药品相关专利。

仿制药提出申请时，就要针对橙皮书里面列出的每一个专利，做出专利声明。美国的专利声明分为2类：一类是Certification，另一类是Statement。Certification包括4类：第Ⅰ段声明是，橙皮书里面没有列出相关专利；第Ⅱ段声明是，橙皮书所列出的专利已经过期；第Ⅲ段声明是，橙皮书所列的专利过期前仿制药不会上市；第Ⅳ段声明是最重要、最核心的一类声明，即声明橙皮书所列的专利无效、不可实施或者生产上市仿制药不会侵犯专利权，也就是我们通常所称的"专利挑战"[95]。首仿药的市场独占制度，指的是首个提交专利挑战的仿制药企业可以获得180天的市场独占期。

③专利期延长制度。虽然药品专利保护期为20年，但是从药品化合物研发开始，到药物合成、质量标准、生产工艺研究，再到药品安全性试验、漫长的三期临床试验，再加上药品监管部门的审批，通常已经耗费了10多年时间。所以，从药物上市到专利过期，实际的保护期限不到10年。实行专利延长期制度可以给予原研药企业一定的市场独占的补偿，以鼓励药物创新，保护原研药企业的利益。专利延长期的时间等于期限＝临床研究时间1/2 ＋ NDA时间，最长不超过5年。另外，药品批准上市后的最长专利保护时间不得超过14年。

④Bolar例外原则[96]。仿制药研发企业用于仿制药的上市申请，只要符合FDA的法规，即使在专利期内也可以进行仿制药的研发，而不会被认为侵权。这一条款在其他任何行业都是专利法所不能允许的。2009年，在我国《专利法》的第3次修订中，《专利法》第69条规定：有下列情形之一的，不视为侵犯专利权——为提供行政审批所需要的信息，制造、使用、进口专利药品或者专利医疗器械的，以及专门为其制造、进口专利药品或者医疗器械的。这即我国的"Bolar例外"条款。这对我国仿制药企业的研发、

第四章　国外仿制药一致性评价政策及借鉴

保护公众及时获得更便宜的上市药品提供了法律基础和制度保障。

4.1.2　药物有效性研究实施项目

1937年，美国Massengil制药公司的化学家将磺胺溶于二甘醇和水的混合液，以药名为"Elixir Sulfanilamide"上市，结果造成107人死亡，大多数是儿童。1938年6月，美国国会通过《食品、药品和化妆品法》（Food, Drug and Cosmetic Act，FDCA），增加了新的条款，要求新药上市前必须提供安全证明。1961年，发生了20世纪最大的药害事件之一——"反应停"事件的发生，1962年，美国国会通过了名为《Kefauver-Harris Amendment》的药品修订案。该修订案要求在1962年后上市的新药和仿制药都必须提交新药申请，证明其安全性和有效性，通过FDA的预先审查批准后方可上市。该法案首次提出了药物上市"有效性"这一条件，并要求药物广告披露有关治疗不良反应和疗效的准确信息。而对于1938—1962年期间上市的药品按照1938年的食品药品法案只进行了安全性研究，没有进行有效性研究，被称为"DESI（Drug Efficacy Study Implementation）药品"[97]。

Kefauver法案同时提出要对1938—1962年上市的药物进行有效性验证，并授权FDA实施。但是，因为这些药物已经广泛用于美国各个医疗单位，进行有效性验证有可能面临大量药物下架的风险，并且FDA大量的人力进行研究性新药申请和新药申请（IND，NDA）评价，没有足够的人员进行1962年之前药物有效性的评价。按各州的法律，药物退市要经过听证。4000多个药，都要进行听证，如此大的工作量很难完成。Larrick（1963—1966）担任FDA局长时对制药工业持妥协态度，除了要求制药商在1964年4月17日提交"药物有效性证据"（substantial evidence of effectiveness）之外，几乎什么都没做[98]。

1966年6月，FDA局长James Goddard（1966—1968）开始进行DESI项目。FDA与美国科学院研究委员会合作，邀请30个专家组依据FDA档案、药品生产企业提供的药物有效性证据、科学文献及专家个人专长对具体药品种类进行审查[99]。截至1969年4月15日，专家组写了4349个药物的2824份报告。并据此将药物分为4类：一是有效Effective；二是很可能有效Probably Effective；三是或许有效Possible Effective；四是无效Ineffective。对于这4类的处理是：第1类列入DESI表，第2类补充数据后列入DESI表，第3类补充数据或退市，第4类退市。

FDA 从 1968 年开始逐步在"联邦公告"（Federal Register）上公布评价结果。1969—1970 年大批药物的评价结果公布，无效药物开始退市。FDA 在对判定无效的药物撤市时受到企业的质疑和挑战。FDA 最初将生物类黄酮药物及某药厂抗生素复方制剂帕那巴（Panalba）撤市时被法庭禁止，面对每一种判定无效药物撤市可能面临的听证会，FDA 不得不改变策略。FDA 医学部主任支持《药品有效性证据法规》的起草、发布和实施。企业若想因药物撤市举行听证会必须满足 2 个条件：必须有充分良好对照的临床试验；必须递交至少 2 项临床试验的肯定结果。最终，法院支持了 FDA 的新策略，从 1971—1975 年，没有因为药物撤市举行任何听证会[100]。

截至 1984 年《药物价格竞争和专利期补偿法案》，DESI 共评价了 3000 种药品、16 000 种治疗适应证。截至 1984 年，该项目评定 2225 种药品有效，1051 种无效，167 种需进行进一步研究。DESI 并非仿制药生物等效性评价，而是基于历史上药品审评法规不完善所进行的追溯性审查，主要对药品的有效性进行再评价。

4.1.3 美国特定、复杂仿制药的审批

美国 FDA 在 2000 年后陆续颁布了仿制药生物等效性研究的指导原则，如表 4-1 所示。为了进一步促进仿制药产品的可用性并协助仿制药行业确定最合适的药物开发方法和产生支持 ANDA 批准所需的证据，FDA 发布了产品特定的指南。FDA 发布这些特定产品的指南，以促进药品开发，ANDA 提交和批准，最终提供更多的安全、负担得起的仿制药。2015 年 FDA 颁布了《特定产品仿制药研发指导原则》（Product-specific Recommendations for Generic Drug Development）。FDA 表示《特定产品仿制药研发指导原则》是对《以药动学为终点评价指标的仿制药 BE 研究指导原则（草案）》的补充，该指导原则从剂型、给药方式、试验设计等方面，对仿制药的 BE 试验进行了详细说明和指导[101]。

表 4-1 美国有关仿制药申请的生物等效性指南一览

时间	指南英文名称	中文名称
2000 年 6 月	Bioequivalence Recommendations for Specific Products	特定药品生物等效性建议

第四章　国外仿制药一致性评价政策及借鉴

续表

时间	指南英文名称	中文名称
2000年7月	Waivers of In Vivo Bioavailability and Bioequivalence Studies for Immediate-Release Solid Oral Dosage Forms Based on a Biopharmaceutics Classification System	《基于BCS分类系统速释口服固体制剂体内生物利用度和生物等效性研究豁免》
2003年3月	Bioavailability and Bioequivalence Studies for Orally Administered Drug Products-General Considerations	《口服药物生物利用度和生物等效性研究——总体考虑》
2003年1月	Food-effect Bioavailability and Fed Bioequivalence Studies	《食物对生物利用度的影响以及餐后生物等效性研究技术指导原则》
2013年12月	Draft Guidance for Industry on Bioequivalence Studies With Pharmacokinetic Endpoints for Drugs Submitted Under an Abbreviated New Drug Application (ANDA)	以药物动力学为终点用于递交仿制药申请的生物等效试验行业指南（草案）

中国药学会组织专家翻译了《特定药物的仿制药BE指导原则》中我国仿制药一致性评价首批289个品种中的185个品种，并在中国食品药品检定研究院网站公布，供行业和公众参考。

除了所提供的信息，任何豁免药代动力学（PK）研究，药效学（PD）研究，或涉及人类受试者BA和BE研究的临床试验研究申请的发起人和研究者应参考当前的参比制剂的标签，包括黑框警告、禁忌证、警告和注意事项及不良反应。在研究设计和实施过程中应考虑这些信息，包括注意合适的受试者筛选和选择，纳入和排除标准，以及适当的临床安全监测。

美国FDA制定的《联邦法规》（Code of Federal Regulations）第21篇320.24（a）对生物利用度和生物等效性要求是：FDA可以要求体内或体外试验，或者要求体内、体外试验都做，以测定一种药品的生物利用度或者建立特定药品的生物等效性。特定药品生物等效性的信息收录到FDA出版的《经治疗等效性评价批准的药品》（橙皮书）及其附录中[43]。

FDA在下述2种情形中已经依赖特定产品审批路径来确定治疗等效：

①生物等效性试验与该产品的评价不具有相关性;②包含复杂分子药物可能要求个体化的药学等效试验。

近年来,FDA 已经通过特定药品治疗等效性批准了数个仿制药:文拉法辛缓释制剂、阿卡波糖片剂、万古霉素胶囊、葡萄糖酸钠铁、鲑鱼降钙素鼻喷剂、依诺肝素。其中阿卡波糖和万古霉素主要在胃肠道发挥作用,全身吸收较少,FDA 决定不需要进行体内试验,只要验证药学等效,就能接收体外试验。但是,阿卡波糖的首仿药生产商 Cobalt 制药公司在递交申请时进行了体内和体外试验,因此其要求其他仿制药企业也需进行体内试验,这一请愿被 FDA 驳回。万古霉素的原研药生产商 Viro Pharma 亦提出相关要求,但最终专家顾问委员会支持了 FDA 的决定[44]。

在 FDA 特定药物的生物等效性指导建议中,还有一些属于 DESI 的品种。这类药物经过长期的临床有效性验证,可以通过与参比制剂比较体外溶出曲线的方法来考察仿制药与参比制剂的一致性,所以不推荐采用体内试验,具体品种包括异烟肼片、泼尼松片、制霉菌素混悬液等[102]。

随着 FDA 发布越来越多特定产品仿制药审批路径的指南,有关通过特定产品仿制药审批路径批准的药品的争议也随之产生,但大多数都是相关的原研药生产企业通过公民请愿途径提出的,更多是因为利益冲突而提出的。对每一项公民请愿,生产商列举了要求他们进行更一步试验的科学理由,FDA 深入审查。一方面,一些请愿整体上被否定了,一些被部分接受。因此,为了避免此争议,通过特定产品仿制药审批路径批准上市的仿制药,应该通过进行上市后进一步的研究,以确定与原研药在安全性和疗效上是等效的。此类的研究通过《2012 仿制药用户付费法案》提供充足的资金来进行更多的研究。另一方面,则可以通过 FDA 的哨兵系统(Sentinel System)来进行研究。该系统拥有覆盖 1.78 亿人口的电子医疗数据,哨兵系统能提供新上市仿制药安全性和有效性的大样本的快速的评价。随着数据的不断增长,哨兵系统能进行新上市仿制药的回顾性及序列评价。评价结果直接通知 FDA 法规决策部门。

2018 年 10 月 9 日,FDA 发布了一系列有关经皮肤和局部给药系统(Transdermal and Topical Delivery Systems,TDS)复杂仿制药研发的指导原则。一是《评价透皮和局部给药系统 ANDA 的黏附力》(Assessing Adhesion with Transdermal and Topical Delivery Systems for ANDAs),该指南草案为评估拟申请 TDS 仿制药的黏附力性能研究的设计和实施提供了新的建议。《评价透皮和局部给药系统 ANDA 的刺激性和致敏性》(Assessing the Irritation and Sensitization Potential of Transdermal and Topical Delivery Systems for ANDAs),为评估拟申请 TDS 仿制药设计和实施提供建议。TDS 药品通过患者皮肤进行药物传递。这类产品应在预期时间内,持续地释放合适剂量的药物,均匀地附着在皮肤上,并可承受各种因素的影响,如防水、防潮及耐压。由于通过 TDS 系统给药的内在复杂性,研发这类仿制药较为困难,许多 TDS 原研药(如药物贴剂)并未有仿制药[103]。

除以上指南草案外,FDA 还发布了 25 份针特定产品仿制药申请的指导原则,包括 2 份新的 23 份修订后的指导原则。这些指导原则将为开发 TDS 仿制药提供合适的科学方法和证据。

4.2 日本仿制药再评价

日本历史上进行了 3 次大规模的药品再评价工作。1967 年,日本厚生省颁布《关于药品生产审批的基本方针》,对于临床试验使用双盲法,对试验病例数有严格要求。1970 年,厚生省组织专家讨论是否对 1967 年以前审批的药品进行再评价,通过数十次讨论,提交了《药效问题座谈会报告书》。报告书主要包括 3 个部分:药品再评价的方法、再评价的必要性和具体实施方案。1971 年,厚生省在报告的基础上,开展药品再评价。1980 年 4 月,药品再评价制度写入《药事法》[30]。这是日本历史上第 1 次药品再评价工作。此次评价参考了美国的 DESI。评价方法主要是制药企业提交证明材料,药事食品卫生审议会审议。

第 2 次评价工作是 1984 年,主要评价对象是 1967 年 10 月至 1980 年 3 月批准上市的处方药。此次评价方法主要为,在文献检索的基础上,将质量、安全性和有效性存在问题的药品确定为评价对象,相关企业提交申诉材料,包括药品研发及使用情况、产品理学性质、安全性、药动学等资料。药事食品卫生审议会对材料进行审议。第二次药效再评价确立了文献筛选的再评价方法。

第 3 次评价工作是 1998 年开展的品质再评价工程,主要对口服固体制剂仿制药进行质量一致性和有效性再评价,本次评价以厚生劳动省为主导,采用体外溶出试验代替体内生物等效性试验,以制剂在 4 种不同溶出介质(日本药典纯化水;pH 6.8 磷酸盐缓冲;pH 4.0 醋酸盐缓冲液;pH 1.2 溶液）中的溶出曲线来评价仿制药与原研药质量的一致性[28]。日本药品品质再评价工程共评价了700多个化学药品，4588个批准文号（其中通过4135个，撤销453个，撤销占比为9.87%），通过这一工程，使得仿制药企业对体外溶出度的要求更加严格，加大了仿制药与原研药的药效学对比研究，促进了企业对生产工艺的研究，提高了仿制药的质量。

日本"药品品质再评价工程"涉及的部门有厚生劳动省、医药品医疗器械管理局、国立医药品食品卫生研究所、日本制药工业协会、日本仿制药协会、原研药厂和仿制药厂等[29]。经过40多年的仿制药再评价，日本企业数量大幅降低。从1975年的1359家降到2011年的300家左右。

4.3 中美日仿制药一致性评价政策比较

中美日仿制药一致性评价政策比较如表4-2所示。

表4-2 中美日仿制药一致性评价政策比较

	中国	美国	日本
政策名称	仿制药质量和疗效一致性评价	药物有效性研究实施项目（DESI）	药品药效再评价及品质再评价工程
政策背景	仿制药质量与原研药质量存在一定差异，民众信任度不高，医保支付压力等	1962年药品法修正案之前审批的药品，未进行药品有效性的研究	参考美国类似政策，日本仿制药信任度不高，市场占有率低
政策目标	提高仿制药市场准入标准，提升仿制药质量	对未进行有效性评价的药物进行有效性审查，将评价为无效的药物撤市，保证药品的安全性和有效性	基于药品上市后再审查和再评价制度对历史上审批过的仿制药进行有效性和质量再评价，提高仿制药质量

第四章 国外仿制药一致性评价政策及借鉴

续表

	中国	美国	日本
评价方法	明确仿制药定义及参比制剂的规定,生物等效性试验作为评价的主要手段和方法	专家团队审查,依据FDA、企业、科学文献三方证据及专家所长进行评价	有效性评价主要采取文献检索、企业提交证明材料、药事委员会审议;品质再评价主要采用制剂在4种不同溶出介质下溶出曲线的比较进行评价
参与主体	CFDA及所属事业单位、仿制药生产企业	FDA及美国科学院	日本厚生劳动省、原研药生产企业、仿制药生产企业
政策影响力	影响范围广,影响力度大	影响范围较广,影响力度较大	影响范围较广,影响力度大
配套举措	出台一系列规范性文件及指南,链接医保、集中采购及使用激励政策等	出台药品有效性确实证据法规	制定橙皮书,发布指南,公布药品生产厂家、溶出试验参数、溶出度试验质量标准等
实施结果	12万个批准文号,分期分批完成	评价了3000种不同的药品及16 000种治疗适应证	药效再评价完成30 560个批准文号,撤销约3000个批准文号;品质再评价完成约730个品种,撤销400多个批准文号

从表4-2可以看出,中美日三国仿制药一致性评价政策既有相似之处又有不同。相似之处是政策目的都是为了提升仿制药质量,提高公众信任度等进行的改革。但是,各国仿制药一致性评价政策影响力及评价方法、侧重

点等存在着不同。美国的 DESI 主要是基于历史上药品法不完善时审批的药品进行了有效性再评价。评价手段主要是依据政府、企业及科学文献三方证据，专家进行评判；日本药品有效性评价参考了美国的 DESI，评价方法上确立了科学文献筛选评价品种，企业提交证明材料、药事委员会审议等方法。药品品质再评价主要基于国内仿制药信任度不高、仿制药使用率低，使用体外溶出试验的方法。目前我国仿制药一致性评价政策改革在评价方法上主要采用生物等效性试验方法、参比制剂选择原研药等。政策实施中也遇到了诸多问题和困难，如参比制剂不匹配或者不可获得、临床试验基地紧缺、生物等效性试验成本增加、企业观望情绪浓厚等一系列问题。国家药品监督管理部门多次发布指南和政策改革征求意见稿，积极和企业沟通，建立争议平台，政策进程分阶段逐步进行。

4.4 启示及建议

4.4.1 仿制药一致性评价政策需进一步建立、完善相关法律法规

仿制药一致性评价政策是历史发展中的阶段性政策，也是补历史的旧账。美日推行一致性评价政策时均推动了相关立法，如美国《药品有效性证据法规》、日本《药事法》。在政策改革进程中，要进行专家意见征求、利益相关者分析、政策试点及改进等，但最重要的一个环节是立法，立法是政策改革中最重要的一步。

因此，我国在修订审批法律法规时需要有前瞻性，一致性评价工作未来在仿制药注册审评阶段完成。一致性评价完成后，逐步建立仿制药上市后再注册及再评价制度。

4.4.2 一致性评价期限、方法及特殊考量

无论新药还是仿制药的研发都要经过一定的过程和阶段，考虑到一致性评价的进展情况、参比制剂的可获得性、临床试验资源的紧缺性等，给予仿制药企业一定的缓冲期。仿制药一致性政策出台时间紧，密度大，企业面临较大的政策风险，政策的改革应该以最小的成本来获取最大收益。

同时，我国在制定相关政策时应具有一定的灵活性，如美国 FDA 颁布的联邦法规 CFR320.24 对仿制药体内体外的评价方法选择上可以依据不同

药品进行不同选择。对于特定药品,可以建立针对该药物特点的仿制药审批路径,这对未来生物类似药等大分子药物的审批具有重要意义。在评价手段和方法上,可以考虑增加审评卷宗、生物等效性数据的回顾性分析,循证医学、药学科学文献的证据,召开临床医生、患者代表座谈会,结合上市后不良反应大数据分析等来确定豁免路径或重点评价的品种。

4.4.3 国情与患者需求的平衡

从国际上看,仿制药一致性评价政策改革力度较大,我国在规定仿制药定义和选择参比制剂时,从发展中国家标准转向发达国家标准。但是,医药产业的进步需要一定的时间。当今医药行业竞争激烈,原研药和仿制药企业存在的天然竞争关系。原研药企业在药物开发过程中实施密集的专利丛林策略(Patent Tricket),形成强大的知识产权保护网络。围绕着一个专利药,从多角度申请一系列的专利,从而最大限度地保护药物专利,获取更多利润,如药物化合物专利、生产工艺专利、晶型专利、用途专利等。仿制药企业在对应的仿制药的研发上,除了进行药学研究以外,还要进行生产工艺的开发,规避原研药的技术壁垒。

与美日等以原研药为主体的制药发达国家不同,我国医药产业结构中原研药比例过低,在参比制剂的立法上,应考虑到参比制剂的可获得性问题。参比制剂的可获得性低会影响到仿制药的审批及上市,从而影响到药品的可获得性、可及性。

世界卫生组织(WHO)《用于可互换、多来源药品(仿制药)等效性评价的参比制剂选择指南》[104]中规定:原研药通常是最合理的参比制剂,因为其质量、安全性和有效性在上市前和上市后研究中已经进行了良好评价。而且,原研药安全及有效性的数据能够链接到一种明确规格的产品。WHO 的橙皮书中也规定了例外情形:"对一些不能确定原研药或者市场上不能获得原研药,参比制剂在国际上没有达成一致或者某些药品为国家所特有的品种,则可以选择与原研药具有等同疗效并在临床上使用时间较长的仿制药作为参比制剂。"[40]因此,对于确实无法找到参比制剂的情形,应考虑到例外情形,以满足人民群众的用药需求。

第五章 仿制药质量标准差异的比较研究
——以代表药物为例

5.1 研究目的

药品质量标准由检测名目、方法、限度组成,用于检验及管制药品的质量。ICH Q6A 指导原则中提到"药品质量标准是品质保障的重要内容,质量标准的每个名目对确保生产出优质药品是不能缺少的"[105]。可见质量标准对于药品生产的重要性,质量作为药品的内里性质,需通过质量标准的检测才能详细展示。

有些企业对质量和质量标准存在着片面认知,追求高药品标准,忽略了研究药品本身。但检验标准不是项目数量越多、限度越严就越好。一套优良的质量标准,是药品质量特点和整个质控体系的总结,同时也要按照药品的实时需要引入新技术,使得质量标准的质控水准可以持续进步[106]。目前我国的药品质量标准体系仍存在许多不足,例如,质量标准类型多,没有统一的质量标准;质量标准不能满足仿制药监管需求,即通过现有的药品标准检验结果无法达到仿制药所需的要求,如临床有效[107]。

仿制药质量是仿制药政策最需要关注的问题之一,如何防止"仿制药一致性评价"变为"仿制药一次性评价",仿制药全生命周期质量管理就显得尤为重要。而在仿制药全生命周期管理中,仿制药质量标准则是一把标尺,对于仿制药的监管提供标杆和技术指标。

在仿制药一致性评价中,体内试验的药品检验需要符合国家药品标准,体外试验的溶出度试验则需要与现有国家标准一致。标准的高低决定着质量的高低,本书依据现有文献数据及第七章对药师问卷调研结果、对医生预调研的结果选择典型代表药物,分析中国药品标准(以中国药典 2015 版为依据)和其他发达国家药品标准的差异,为仿制药一致性评价政策提供标准方面的建议和思考。

5.2 方法

本书选用的药典均出自ICH成员国，具有权威性、代表性和比较价值。代表药物为：盐酸二甲双胍片、阿司匹林片、伊曲康唑胶囊、注射用头孢他啶，共4种药物（表5-1）。

表5-1 选用代表药物的原研药商品名和持证商

药品通用名称	英文名称/商品名	持证商
盐酸二甲双胍片	Glucophage	Merck Sante S. A. S
阿司匹林片	Aspirin	Bayer Vital GmbH
伊曲康唑胶囊	Itraconazole Capsules	西安杨森制药有限公司
注射用头孢他啶	Ceftazidime for Injection	GSK

本书对代表药物的比较主要从溶出度、鉴别试验、含量及检测这4个方面进行分析。其中，溶出度试验是检验药品质量的关键项目[108]，在评价口服固体制剂品质和指导制剂研发时至关重要，也在仿制药一致性评价过程中起着举足轻重的作用[109-110]。

由于中国与美国药典对溶出规定限制（Quantity，Q值）的定义不相同，中国药典对Q值的定义通常指溶出规定限度，而美国药典中的Q值是为进一步确定规定限度的值，并不是溶出规定限度本身[111]。所以在溶出度中并没有列出Q值这一项。

5.3 结果

5.3.1 盐酸二甲双胍片

从表5-2可以看出，对于盐酸二甲双胍片剂质量标准的对比中，从含量标准看，中国药典的规定与外国无异；从溶解度看，中国与美国规定的溶出介质不同，而日本药典并没有规定；从鉴别方法看，中国药典使用的是紫外可见分光光度法，而日本、美国使用的均为红外分光光度法，从文献上得知，红外光谱的特征性比紫外光谱强，而且美国药典上还规定了第2种鉴别方法，相对而言，比中国药典更加全面了一些；从检测看，中国药典与美国药典差别不大，但日本药典详细的规定了检测过程中所用的仪器和环境，更添加了系统重复性测试这一项来减小试验误差，相对而言，中国药典还需加强。

表5-2 中国药品标准和国际药品标准中盐酸二甲双胍片的比较

	中国药典	美国药典（USP32－NF27）[112]	日本药典（JP15）[113]
含量	95.0%~105.0%	95.0%~105.0%	95.0%~105.0%
溶解度	①溶出介质：水； ②转速：100转/分； ③时间：45 min	①溶出介质：pH 6.8 磷酸盐缓冲溶液； ②转速：100转/分； ③时间：45 min	无
鉴别	方法：紫外可见分光光度法； 最大吸收波长：233 nm	方法一：红外分光光度法； 方法二：溶液A：将1 g 1-萘酚溶解在含有6 g 氢氧化钠和16 g 无水碳酸钠的100 mL水溶液中。 分析：向5 mL样品溶液中加入1.5 mL 5N氢氧化钠溶液和1 mL溶液A，滴加0.5 mL次氯酸钠并且在振荡下滴加。验收标准：产生橙红色，静止时变暗	方法：红外分光光度法
检测	①如有与对照品溶液色谱图中双氰胺峰保留时间一致的峰，不得超过0.02%； ②其他单独杂质：不超过0.1%； ③总杂质：不超过0.6%	①流动相：17 g/L 磷酸二氢铵水溶液； ②系统适用性原液：0.25 mg/mL 盐酸二甲双胍和0.1 mg/mL 三聚氰胺水溶液； ③单独杂质：不超过0.1%； ④总杂质：不超过0.6%	①柱：内径为4.6 mm，长度为15 cm的不锈钢柱； ②柱温：约40 ℃； ③流动相：将0.8 g 十二烷基硫酸钠溶于620 mL稀磷酸，并加入380 mL乙腈； ④系统重复性：重复测试6次

第五章 仿制药质量标准差异的比较研究——以代表药物为例

5.3.2 阿司匹林片

根据表5-3，从含量看，中国药典和美国药典规定的相同，日本药典和英国药典的规定范围相对而言较小，这样药品的质量更容易保证；从溶出度看，中国药典和美国药典的规定相同，日本药典使用的溶出介质与其他3种不一样，而且还添加了重复性测试试验，减少了试验的误差；从鉴别看，中国药典和美国药典规定的相同，英国药典使用的是红外分光光度法；从检测看外国药典对试验器材和环境的规定比中国药典更详细。这样进行比较的差异项更少，结果更精确。

表5-3 中国药品标准和国际药品标准中阿司匹林片的比较

	中国药典	美国药典	日本药典	英国药典[114]
含量	95.0%~105.0%	90.0%~110%	95.0%~105.0%	95.0%~105.0%
溶出度	①溶出介质：盐酸溶液；②转速：100转/分；③时间：30 min	①溶出介质：pH 4.5的乙酸钠冰醋酸水溶液；②转速：50转/分；③时间：30 min	无	①溶出介质：pH 4.5的乙酸钠冰醋酸水溶液；②转速：50转/分；③时间：45 min
鉴别	方法一：三氯化铁—紫堇色；方法二：高效液相色谱法：供试品溶液主峰保留时间与对照品溶液一致	方法一：三氯化铁—紫红色；方法二：红外分光光度法；	方法一：三氯化铁—红紫色；方法二：碳酸钠+稀硫酸—乙酸味道+白色沉淀；	方法：氢氧化钠+硫酸—结晶性沉淀；沉淀+三氯化铁—深紫色
检测	检测游离水杨酸：①流动相：乙腈-四氢呋喃-冰醋酸-水（20∶5∶5∶70）；②限度：不超过标示量的0.3%	检测游离水杨酸：①流动相：将2 g 1-庚烷磺酸钠溶于850 mL水和150 mL乙腈的混合物中，用冰醋酸调节至pH 3.4；②限度：不超过标示量的0.3%	检测纯度：30 s内，供试液和对照溶液没有颜色差别	检测游离水杨酸：比较颜色，不比标准品颜色浅

5.3.3 伊曲康唑胶囊

根据表5-4从含量看,美国、日本、欧洲药典规定的范围几乎没有差别,但中国药典并没有规定含量上限,可能会对药品质量造成一定的影响;从溶出度看,4本药典均未有所规定;从鉴别看,各国均使用了红外分光光度法,中国药典和日本药典还有额外2种方法;从检测看,各国药典规定的流动相、流速、检测波长、进样量均相同,但美国药典还对柱温有所规定,日本药典还规定了系统重复性试验,减少了试验的误差。所以,在细节方面中国药典还要有所加强。

表5-4 中国药品标准和国际药品标准中伊曲康唑胶囊的比较

	中国药典	美国药典	欧洲药典	日本药典
含量	不得低于98.5%	98.5%~101.5%	99.0%~101.0%	98.5%~101.0%
溶出度	无	无	无	无
鉴别	方法一:高效液相色谱法,样品溶液主峰保留时间与标准溶液一致; 方法二:本品的红外吸收图谱应与对照品的图谱一致; 方法三:无水碳酸钠+稀硝酸—显氧化物的鉴别反应	方法:红外分光光度法	方法:红外分光光度法	方法一:紫外分光光度法; 方法二:红外分光光度法; 方法三:火焰着色试验
检测	检测杂质: ①流动相A:0.02 mol/L硫酸氢四丁烷基铵溶液; ②流动相B:乙腈; ③流速:1.5 mL/min; ④检测波长:225 nm; ⑤进样量:10 μL; ⑥单个杂质:不超过0.5%; ⑦总杂质:不超过2.5%	检测杂质: ①流动相A:硫酸氢四丁烷基铵溶液; ②流动相B:乙腈; ③柱温:30 ℃; ④流速:1.5 mL/mL; ⑤进样量:10 μL	检测杂质: ①流动相A:27.2 g/L硫酸氢四丁烷基铵溶液; ②流动相B:乙腈; ③流速:1.5 mL/min; ④检测波长:225 nm; ⑤进样量:10 μL; ⑥总杂质:不得超过0.8%	检测杂质: ①流动相A:硫酸氢四丁烷基铵溶液; ②流动相B:乙腈; ③流速:1.5 mL/min; ④时间:约为伊曲康唑保留时间的2倍; ⑤柱:内径为4.6 mm,长度为10 cm的不锈钢柱; ⑥检测波长:225 nm; ⑦单个杂质:不超过0.5%; ⑧总杂质:不超过2.5%; ⑨系统重复性:重复测试6次

5.3.4 注射用头孢他啶

根据表5-5从含量看,中国药典和美国药典将其分为2种不同情况,能更好地适用,但是美国药典规定的范围更小,质量更容易得到保证,韩国药典和日本药典规定相同,且规定的范围比中国药典、美国药典规定的范围小;从溶出度看,4本药典均未有所规定;从鉴定看,中国药典规定的方法更多,还规定了适用条件,比美国药典更加全面,日本药典和韩国药典均采用紫外分光光度法;从检测看,美国药典和中国药典使用的方法相同,检测条件也一致,韩国药典和日本药典所规定的一致。

表5-5 中国药品标准和国际标准中注射用头孢他啶的比较

	中国药典	美国药典	日本药典	韩国药典[115]
含量	①干燥品、无精氨酸或碳酸钠:≥95.0%; ②按平均含量:90.0%~110.0%	①干燥品、无精氨酸或碳酸钠:90.0%~120.0%; ②按平均含量:90.0%~105.0%	93.0%~107.0%	93.0%~107.0%
溶出度	无	无	无	无
鉴别	方法一:高效液相色谱法,样品溶液主峰保留时间与标准溶液一致; 方法二:加稀酸产生二氧化碳—氢氧化钙标准溶液; 方法三:茚三酮—蓝紫色; 注:以碳酸钠为助溶剂的制剂,选做方法一、二,以精氨酸为助溶剂的制剂,选做方法一、二、三	方法一:高效液相色谱法,样品溶液主峰保留时间与标准溶液一致; 方法二:加盐酸产生二氧化碳—氢氧化钙标准溶液	方法一:紫外分光光度法—255~259 nm呈现吸收最大值	方法一:紫外分光光度法—255~259 nm呈现吸收最大值

续表

检测	中国药典	美国药典	日本药典	韩国药典[115]
检测	检测碳酸钠： ①原子吸收分光光度法； ②检测波长：330.3 nm； 检测精氨酸： ①流动相：乙腈-pH 2.0 磷酸盐缓冲溶液（750：250）； ②检测波长：206 nm； ③进样量：20 μL	检测碳酸钠： 原子吸收分光光度法； 检测精氨酸： ①流动相：乙腈-pH 2.0 磷酸盐缓冲溶液（750：250）； ②流速：1 mL/mL； ③进样量：20 μL； ④检测波长：206 nm	含量分析： ①流动相：乙腈-pH 2.0 磷酸盐缓冲溶液（750：250）； ②柱子：内径为 4.6 mm，长度为 10 cm 的不锈钢柱； ③柱温：25 ℃； ④流速：使头孢他啶的保留时间约为 4 min； ⑤检测波长：254 nm； ⑥系统重复性：重复测试 6 次	含量分析： ①流动相：乙腈-pH 2.0 磷酸盐缓冲溶液（750：250）； ②柱子：内径为 4.6 mm，长度为 10 cm 的不锈钢柱； ③柱温：25 ℃； ④流速：使头孢他啶的保留时间约为 4 min； ⑤检测波长：254 nm； ⑥系统重复性：重复测试 6 次

5.4 讨论

①日本药典，英国药典会有系统重复性这一项，即同样的测试进行 6 次，中国药典无相关的规定。

②一些药物，外国药典的含量规定范围比中国药典的范围更小一些，药物安全性或者药效会更好一些。

③使用高效液相色谱法的时候，外国药典一般都会标明使用柱子的尺寸、柱温、流速、时间跨度等，但是中国药典没有相关规定。

④美国药典鉴别一般都会使用分光光度法—红外吸收＜197k＞，一个物质的红外吸收光谱，在与对应的 USP 标准品处获得的光谱图进行比较后，可能提供了从任何单一检查中所能取得的关于该物质的鉴别的最有决定性的证据。而中国药典一般使用紫外分光光度法进行检验。由此看来，一些药

第五章 仿制药质量标准差异的比较研究——以代表药物为例

物,相对于日本、英国、美国发达国家而言,中国药典规定的不够详细。

5.5 结论

中国部分化学仿制药药品标准部分规定较低,这将会对仿制药品质产生一定的负面影响。在推进仿制药一致性评价的工作中,不只是注重药品质量和疗效,还应该注重药品质量标准的提升,建立适合我国仿制药一致性评价的注册标准及国家药品标准等标准体系。

第六章 政策进程中呈现的问题

在国家药品监督管理局网站以"全国人大建议"为关键词，根据搜索结果进行筛选，选择出近3年来全国人大会议中代表提出的有关仿制药一致性评价相关政策的建议，界定为一致性评价中改革热点问题，如表6-1所示。结合前面两章的内容，对一致性评价改革中的热点、难点问题进行分析探讨，为一致性评价政策提供思路和借鉴。

表6-1 一致性评价中改革热点问题

时间	人大会议建议内容	CFDA回复
2016年8月	对十二届全国人大四次会议第5521号建议的答复（关于明确对首仿药支持政策的建议）	申报的仿制药，申请人可判断其是否属于优先审评审批的范畴，按优先审评审批的程序向我局提出申请，符合条件的，我局将优先配置资源进行审评。"在专利到期前，给予首仿药暂时性批准"的建议，具有一定的合理性和可操作性，我局将结合《药品管理法》《药品注册管理办法》修订，进一步广泛征求各方意见，统筹研究考虑，逐步完善法律法规
2016年8月30日	对十二届全国人大四次会议第4783号建议的答复（关于加快制定药品质量和疗效一致性评价实施细则的建议）	信息公开，及时公开参比制剂备案和确定的信息。企业原则上应选择公布的参比制剂开展一致性评价

第六章 政策进程中呈现的问题

续表

时间	人大会议建议内容	CFDA回复
2016年9月29日	对十二届全国人大四次会议第7100号建议的答复（关于对化学药品新注册分类申报要求中"科学依据"进行解释说明的建议）	"依据"是指支持申请该品种用于特定治疗人群开展临床试验的理由及相关研究资料。 申请人论述的"依据"中应包括：①该疾病人群的流行病学、发病机制、病理生理过程、预后情况和临床治疗现状；②申报新药的作用机制和药效学资料；③阐明新药可能对于特定人群的获益及和目前治疗比较的优势等。 申请人提交的资料应能充分证明其科学的研究设计、良好的研究质量、可信和可靠的研究结论，且相关研究资料足以支持该药品进入临床试验研究
2017年7月11日	对十二届全国人大五次会议第6000号建议的答复（关于化学仿制药BE研究国外与国内临床数据互认的建议）	申请人在欧洲药品管理局、美国和日本获准上市仿制药的BE试验数据，符合中国药品注册相关要求的，经现场检查后可用于在中国仿制药注册申报
2017年7月11日	对十二届全国人大五次会议第2430号建议的答复（关于尽快明确参比制剂审批时限与临床有效性试验管理程序的建议）	企业报食品药品监管总局（一致性评价办公室）备案的参比制剂全部向社会公开，由食品药品监管总局（一致性评价办公室）区别情况提出指导性意见。 对国内特有品种，由企业选择重新开展临床试验证明其安全有效性，申请人可在"化学仿制药生物等效性与临床试验备案信息平台"仿制药一致性评价临床有效性试验模块进行临床有效性试验备案，获得备案号后，参照《仿制药一致性评价临床有效性试验一般考虑》开展临床有效性试验

续表

时间	人大会议建议内容	CFDA 回复
2017年 7月11日	对十二届全国人大五次会议第6184号建议的答复（关于要求国务院敦促有关部门修改《药物临床试验机构资格认定办法》等相关规章，加速推进药品一致性评价工作的建议）	一是我局正会同国家卫生计生委等部门推进临床试验机构资格认定调整为备案管理的措施。二是对临床试验主要研究者等规定具体技术要求。三是注册申请人可聘请第三方对药物临床试验机构进行评估认证。四是鼓励社会力量投资设立药物临床试验机构。 调整药物临床试验机构管理方式，需要按程序报请全国人大对《中华人民共和国药品管理法》相关条款进行修改后实施
2017年 7月17日	对十二届全国人大五次会议第8332号建议的答复（提高仿制药质量的建议）	积极推进一致性评价工作，加快仿制药审评审批，加强技术审评队伍的建设，积极推进上市药品品种档案信息化数据库的建设工作，为每一个上市药品建立包括药品处方、原辅料包材、质量标准、说明书、上市后安全信息、生产工艺变化等信息的数据库
2017年 10月18日	对十二届全国人大五次会议第1026号建议的答复（关于提速新药审批的建议）	发布《食品药品监管总局关于解决药品注册申请积压实行优先审评审批的意见》，对临床急需和有显著临床价值的创新药物实行优先审评。加大临床试验核查力度，加强药品全生命周期管理

6.1 参比制剂相关问题

6.1.1 参比制剂争议

参比制剂一开始由企业进行备案，后由 CFDA 审核后进行公布。结果出

第六章 政策进程中呈现的问题

现了企业备案的参比制剂与公布的参比制剂不一致的情形,导致企业一致性评价工作出现失误。

2017年4月28日国家食药监总局公布阿奇霉素的参比制剂,43家备案的生产企业选择的参比制剂与公布的不一致。导致企业前期的投入面临打水漂的风险。中检院公布的参比制剂备案信息显示阿奇霉素片(0.25 g)共43条备案信息,美国辉瑞公司的希舒美(Zithromax)占绝大多数。以岭药业研究院制剂室主任张晨光表示,他们备案后60天内并未接到备案参比制剂不能使用的通知。备案后企业进行了10个月的药物研究、处方工艺验证性试验等,开始准备做 BE 试验。CFDA 公布的阿奇霉素片参比制剂为 0.125 g 与 0.5 g 规格为原研公司普利瓦的舒美特对应规格产品,0.25 g 规格的参比制剂是 TevaPharma B.V. 在欧盟上市的"Azitromycin 250 TEVA",产地为克罗地亚[116]。

2017年6月,CFDA 公布第5批参比制剂目录,其中卡托普利片指定的参比制剂是 Daiichi Sankyo Espha Co., Ltd. 然而在 PharmaProjects、默克索引、THOMSON REUTERS PHARMA Report 中,都很明确地记载了卡托普利的原研就是百时美施贵宝公司(表6-2)。

日本医药产品医疗器械局,是厚生劳动省医药食品局所管辖的独立行政法人,主要负责药品和医疗器械技术审评。其官网公布的卡托普利产品信息中显示,1981年4月,施贵宝的卡普托利在美国上市;1977年,三共株式会社从施贵宝引入了卡托普利,并于1983年2月上市。此外,有争议的还有布洛芬。20世纪60年代,Stewart Adams 博士在 Boots Pure Chemical Company Ltd 工作期间,在丙酸中提取出了布洛芬,Boots 公司以 Nurofen 作为布洛芬的商品名于1968年在英国上市,这个品牌几经周折,于2006年出售给了 Reckitt Benckiseer 公司。

从上述几个例子可以看出,许多仿制药上市已达几十年,在这漫长的过程中,许多制药公司通过兼并收购等方式已经发生了变更,因此,国家药品监督管理局公布的原研参比制剂的信息也很有可能出现与备案不一致或者出现信息错误的情况,这给仿制药一致性评价工作带来了障碍。因此,亟须制定参比制剂相关法律规定,赋予企业选择参比制剂的权力,当出现不同时,企业只要有充足的证据都可以上报药监部门进行审批。

表 6-2 CFDA 公布的参比制剂信息

序号	药品通用名称	英文名称/商品名	规格	剂型	持证商	备注
4-14	布洛芬片	Ibuprofen Tablets/ Ibuprofen	0.4 g	片剂	The Boots Company PLC	欧盟上市
4-31	阿奇霉素片	Azithromycin Tablets/ Sumamed	0.125 g	片剂	Pliva Croatia Ltd.	原研进口
4-32	阿奇霉素片	Azithromycin Tablets/ Sumamed	0.5 g	片剂	Pliva Croatia Ltd.	原研进口
5-19	卡托普利片	Captopril Tablets/ CAPTORIL	12.5 mg	片剂	Daiichi Sankyo Espha Co., Ltd.	日本橙皮书
5-20	卡托普利片	Captopril Tablets/ CAPTORIL	25 mg	片剂	Daiichi Sankyo Espha Co., Ltd.	日本橙皮书

6.1.2 参比制剂的可获得性问题

原研药企业和仿制药企业存在着天然的利益竞争关系，在仿制药企业选择参比制剂的过程中，原研药企业为了自己的利益，不具有主动性去提供参比制剂，或者去阻碍仿制药企业去获得参比制剂。

因此，在仿制药一致性评价中，参比制剂的可获得性问题必须重视，直接关系到一致性评价的进展，也直接关系到便宜的、可负担的仿制药的可获得性。

6.2 基于 BSC 分类的 BE 豁免的研究

2016 年 5 月 18 日，CFDA 发布《人体生物等效性试验豁免指导原则的通告》（2016 年第 87 号），对于 BE 豁免提供指南，基于 BSC 分类不同要求提供不同证明。对于 BCS 1 类需要证明药物具有高溶解和高渗透，而且制剂中不含有影响主要活性成分承受的任何辅料。对于 BCS 3 类的药物需要证明药物具有高溶解性，快速溶出，仿制药和参比制剂处方相同、各组分用量相似，参比制剂含有相同的辅料组成。基于 BCS 的 BE 试验豁免不适用于狭窄治疗窗药物及口腔吸收制剂。

2018 年 5 月 25，CFDA 发布《可豁免或简化人体生物等效性（BE）试验品种的通告》（2018 年第 32 号），公布首批 289 个品种目录中可豁免或简化人体生物等效性（BE）试验品种 48 个品规，包括 15 个可豁免 BE 的品种规格、17 个可申请豁免人体 BE 品种（申请人应自证药物的 BCS 分类，属于 BSC 1 类或 3 类）、13 个简化 BE 品种（豁免空腹或餐后 BE 研究）、3 个不同剂型枸橼酸铋钾进行人体 PK 比较研究。2018 年 7 月 31 日，国家药品监督管理局仿制药质量与疗效一致性评价办公室发布了《可豁免或简化人体生物等效性试验（BE）品种名单（第二批）（征求意见稿）》，公布了 15 个品种规格药品可豁免 BE 或简化 BE。据中国临床数据库显示，这 15 个品规中，利奈唑胺片、硫酸氨基葡萄糖胶囊、盐酸美金刚片、左乙拉西坦片均有企业已经开展或完成 BE 试验。

BSC 豁免名单尽早制定并公布将为企业减少大量时间、精力和资金成本，因此对于符合 BSC 分类豁免的品种，应尽快发布品种名单，进行科学评价，可以减少企业的成本。

6.3 特定、复杂仿制药的审批

FDA 不得不将抗抑郁药安非他酮缓释片（300 mg）撤出市场，而该药曾经是基于生物等效性豁免被批准。在 2006 年 12 月批准该仿制药时，FDA 豁免了 300 mg 规格的生物等效性，允许生产商从 150 mg 的生物等效性试验中的数据进行推断。因为 FDA 考虑到 300 mg 规格的安非他酮可能会导致健康受试者产生癫痫。在获得批准后，接受 300 mg 仿制药治疗的患者出现不良反应的报告，因此，FDA 在 2012 年发起了 300 mg 规格安非他酮缓释片在 24 名健康成人志愿者的试验，结果显示不能证明与原研药的生物等效性。仿制药安非他酮给药后的吸收程度，从药时曲线下面积可以看出，是原研药吸收的 86%，但与之相对应 90% 的置信区间为 77%～96%。此外，给药仿制药血浆平均峰值浓度（C_{max}）仅为原研药给药后的 75%[117]。

因此，通过特定产品路径审批的仿制药在上市后应该继续进行安全性和有效性的评估，当出现较大的不良反应和疗效不佳的报道时，应注意对该仿制药的重新评估。

6.4 一致性评价进程中基药通过率过低的原因分析

按政策要求，2012版基药目录中289个口服固体制剂（下文简称289品种），应于2018年年底前率先通过仿制药一致性评价（以下简称"一致性评价"）。但目前，289品种中通过仿制药一致性评价的仅有17个，涉及23个品规，通过率不到10%。剩下的200多个基药品种要在3个月内通过一致性评价，几乎是不可能的。通过率低的原因主要从以下几个视角进行分析。

6.4.1 从企业角度分析

①企业思想保守，没有紧跟政策改革，观望态度较浓，对2018年年底大限仍抱有延期幻想，准备不充分。

②品种市场销售额不高，一致性评价投入较高，企业资金投入不足。根据上市公司的公告，通过一致性评价的品种的研发费用在几百万元，企业没有充足资金投入（表6-3）。

③缺乏相关人才。仿制药研发需要进行原辅材料、处方、生产工艺等一系列药学研究，部分企业不重视研发，缺乏专业人才。

表6-3 企业通过一致性评价品种研发费用一览

品种	规格	通过一致性评价时间	企业	投入研发费用/万元
阿奇霉素胶囊	0.25 g	2018年9月26日	上海复星医药集团控股子公司苏州二叶制药有限公司	600
盐酸坦索罗辛缓释胶囊	0.2 mg	2018年9月10日	江苏恒瑞医药有限公司	1135
厄贝沙坦片	0.15 g	2018年9月14日	江苏恒瑞医药股份有限公司	886
阿莫西林胶囊	0.25 g	2018年10月12日	浙江金华康恩贝生物制药有限公司	400

数据来源：公司公告。

第六章 政策进程中呈现的问题

6.4.2 从管理主体角度分析

(1) 管理机构众多，容易混淆

一致性评价开展后，涉及 CFDA、总局行政事项受理和投诉与举报中心、总局药审中心、总局审核查验中心、中国食品药品检定研究院及省市级食品药品检验研究院（所）和省市级食品药品监督管理局等多个职能部门，每个部门单独发布与一致性评价相关政策。因此，导致资料的递交、法规指南的查询，以及政策的咨询等比较容易混淆。

(2) 时间紧、任务重、政策法规更新不及时

第一批 2018 年年底需完成一致性评价 289 个品种共涉及批文 17 740 个，其中涉及企业最多的品种复方磺胺甲噁唑片持有文号生产企业总数多达 782 家，由此可见，一致性评价任务较重。自 2016 年开始，一致性评价相关政策陆续进行征求意见并确定，按照规定原则上申报需要获得成品 12 个月稳定性数据（后调整为 6 个月），留给企业研发时间实际不足 2 年，对于一些难度较大的品种时间非常紧张。除此之外，一些跟一致性评价直接相关的政策法规发布较晚，如化学药品仿制药注册批生产规模的一般性要求，2018 年 2 月才征求意见。对于改规格、改剂型、改盐型等特殊品种，相关评价技术指导原则公开时间相对较晚。

6.4.3 从历史角度分析

(1) 部分原研制剂上市历史久远，难以查询或者参比制剂不明确

截至 2018 年 4 月，CFDA 陆续推荐发布 13 批参比制剂，其中 289 目录中仍然有 38 个品种所有规格的参比制剂仍处于研究中，或者无企业备案暂不推荐。除此之外，部分已经发布的参比制剂采购不到或者已经退市。

企业备案与 CFDA 发布的参比制剂差异大，例如，43 家阿奇霉素胶囊 250 mg 生产厂家选择美国辉瑞所产的希舒美（Zithromax）作为参比制剂，CFDA 公布的参比制剂则为以色列 TEVA 制药的 "Azitromycin 250 TEVA"，在欧盟上市，产地为克罗地亚。因参比制剂的发布比企业备案晚了 1 年左右时间，很多企业已经耗资数十万通过一次性进口买入参比制剂。在权衡利弊后，CFDA 最终补充美国辉瑞所产的希舒美作为阿奇霉素胶囊 250 mg 参比制剂。

（2）一致性评价相关人才紧缺

主要包括企业研发人员及 CFDA 审评人员。一致性评价开展之前很多制药企业对研发重视力度不足，相当数量生产型企业没有研发人员，一致性评价项目只能委托到部分合同研究组织（Contract Research Organization，CRO）公司进行处方工艺再开发。与企业研发人员紧缺相对应的为审评人员的不足，CDE 先后多批次招聘药学审评人才，临床、临床药理审评员，合规检查人员等各类人才，以满足一致性评价及其他审评相关需求。随着越来越多的产品进入临床阶段，临床监察员等岗位出现供不应求的局面。

（3）临床试验机构短缺

截至 2015 年年底，全国共有 433 家 GCP 证书未到期，而根据 CDE 临床试验登记平台和中国临床试验注册中心数据，只有 122 家开展过生物等效性试验 I 期项目。2015 年 9 月 CFDA 发布的核查清单中，82 家机构涉及"722 自查核查风暴"，有能力开展 BE 试验的临床机构数量严重不足。根据 2018 年 7 月 CFDA 发布的数据，新增 87 家药物临床试验机构，总数已超 700 家，但面对今年来翻了 4 倍的药品审评任务，临床试验机构仍然面临着数量不足、成本较高的问题。

6.5 配套措施及后续监管问题

2018 年 4 月 3 日，国务院办公厅发布的《关于改革完善仿制药供应保障及使用政策意见》中提出："将与原研药质量和疗效一致的仿制药纳入可替代目录，在说明书、标签中予以标注，强化药师在仿制药调配中的作用。加快制定医保药品支付标准，通过一致性评价的仿制药与原研药按相同标准支付，从而促进仿制药替代。"同时要求医疗机构主管单位，加强药事管理制度，鼓励仿制药使用和出台激励政策，充分发挥药师在合理用药方面的作用，对于不合理用药的处方医生建立相应的惩罚机制等。

第七章　药师对仿制药一致性评价认知的调研

7.1　目的

了解药师这一群体对仿制药概念、仿制药替代、仿制药质量和疗效一致性评价政策等的看法、为相关政策的制定提供利益相关者的信息。

7.2　方法

7.2.1　问卷设计

本调查问卷一共分为 3 个部分：第一部分是被调查者的基本情况；第二部分是药师对仿制药基本概念的认知及观点；第三部分是药师对仿制药信任度及仿制药一致性评价政策改革的看法。在这一部分调查问题的设置中，主要采用了李克特五点量表法，设计了一个开放式问题。

7.2.2　数据收集的时间和方法

数据的收集主要通过以下 3 种方式：一是方便抽样，时间是在 2017 年 6 月 24 日，地点是在河南郑州。在"河南青年药师夏季论坛"会议现场发放问卷 200 份，共收回 135 份。二是现场调查，在郑州大学第一附属医院旁边现场调查了 4 家药店的（2 家大型药店营业面积在 150 m^2 以上，2 家小型药店营业面积在 20 m^2 左右）药师共 10 位，有 9 位都拒绝填写或认为不会填写该问卷。只有一位药师填写了部分问卷，问卷完成程度小于 50% 的视为无效问卷。前 2 项有效问卷共计 130 份，回收率为 61.9%（130/210）。三是通过问卷星和微信平台在线调查，通过相关群体及转发到中国药科大学河南校友会群、合理用药专家群、青年药师群等（2018 年 3 月 28 日至 3 月 31 日），收回问卷 212 份，回收率 100%。共计有效问卷 342 份。

7.2.3 数据处理及统计

首先将纸质问卷的问题及答案全部编码，由2位受过培训的学生进行数据录入，并交叉核对，录入数据表为 Office Excel 2007 版。然后将 Excel 数据表导入 IBM Spss 23 软件中，将问卷星后台收集到的212份数据直接输出为 Spss 软件接受的 .sav 格式，然后将两部分数据进行汇总，共计342份数据。统计分析主要包括：频数和描述性统计分析；第三部分李克特五点量表问题进行数据信度和效度的检验；问卷第二部分问题8"你是否支持目前我国实行仿制药替代"的影响因素进行 Logistic 回归，支持的和不支持的分别设置变量为"1"和"0"，作为二分类变量进行 Logistic 回归分析。

7.3 结果

7.3.1 调研概况

被调查者的基本信息，如表7-1所示。被调查者中，女性药师居多，占比为62%。39岁以下的受访者占大多数，占总受访者的比例为65.5%。总体受访者受教育程度较高，本科及以上学历者占总调查人数的89.5%，几乎达到九成。地区以河南省内的为主（86%），省外的药师所占比例较少，这与研究设计方案中以省内调研为主相符。职称中，中级职称占到一半左右，副高级以上职称占比为19.0%。工作年限5年以内的为31.9%，5年及以上的占比为67.2%。工作单位中，三甲以上医疗机构药师占比达50.0%以上。

表7-1　受访药师基本情况（$n=342$）

项目	人数/人	百分比/%
性别		
男	130	38.0
女	212	62.0
年龄		
30岁以下	109	31.9
30~39岁	115	33.6

第七章 药师对仿制药一致性评价认知的调研

续表

项目	人数/人	百分比/%
40~49 岁	84	24.5
50~60 岁	32	9.4
>60 岁	2	0.6
教育程度		
高中或中专及以下	5	1.5
大专	29	8.4
本科	164	48.0
硕士	122	35.7
博士及博士后	20	5.8
缺失	2	0.6
职称		
药师或药士	96	28.1
执业药师或主管药师	177	51.8
副主任药师	47	13.7
主任药师	18	5.3
缺失	4	1.1
工作年限		
5 年以内	109	31.9
5~10 年	83	24.3
11~15 年	30	8.8
16~20 年	37	10.8
20 年以上	80	23.3
缺失	3	0.9
工作单位		
基层医疗机构	10	2.9
二级医疗机构	87	25.4
三甲或以上医疗机构	183	53.5

续表

项目	人数/人	百分比/%
零售药店	8	2.3
医药商业企业	18	5.3
其他	35	10.3
缺失	1	0.3
所在地区		
河南省	294	86.0
其他省份	45	13.2
缺失	3	0.8

7.3.2 第二部分：药师对仿制药的认知及观点

从表7-2可以看出，13.4%的药师认为仿制药与原研药无较大差异或基本无差异，67.0%的药师认为仿制药质量与原研药有一定差异，而19.6%的药师认为仿制药质量与原研药存在较大差异。这说明绝大多数药师还是认为我国仿制药质量与原研药质量存在一定差异。

表7-2 药师对仿制药概念认知及质量的观点

	人数（$n=342$）	百分比/%
您是否知道仿制药的定义		
知道	324	94.7
不知道	17	5.0
缺失	1	0.3
你是否了解仿制药定义的最新变化		
是	141	41.2
否	199	58.2
缺失	2	0.6
您是否了解生物利用度及生物等效性概念		
是	318	93.0
否	24	7.0

第七章 药师对仿制药一致性评价认知的调研

续表

	人数（$n=342$）	百分比/%
与原研药质量相比，您觉得我国仿制药质量水平如何		
与原研药无较大差异	23	6.7
基本无差异	23	6.7
有一定差异	229	67.0
有较大差异	67	19.6

从表7-3可以看出，在影响我国仿制药与原研药质量差异的原因分析中，药师选择频率最高的原因为"生产工艺存在问题"，342人中，有265人选择该项。其次是"市场准入标准过低"，占比为69.3%和"监管不严"（占比为59.1%）。其他选项中，有药师陈述药物晶型技术存在问题，抗生素提纯、去除杂质不够，资金投入不够，检验技术不完善，标准不能照搬照抄西方的等。

表7-3　药师对仿制药与原研药质量差异原因的看法

	频率	百分比/%
市场准入标准过低	237	69.3
原料药质量不高	189	55.3
辅料质量不高	184	53.8
生产工艺存在问题	265	77.5
国家药品标准过低	162	47.4
监管不严	202	59.1
其他	20	5.8

从表7-4可以看出，有53.5%的药师认为仿制药和原研药疗效上的差异在20%以内，有43.3%的药师认为仿制药和原研药疗效上的差异在20%以上。

仿制药一致性评价政策研究

表7-4 原研药和仿制药是否存在疗效差异

	频率	百分比/%
无差异	9	2.6
有差异,差异在0~20%	183	53.5
有差异,差异在20%~50%	131	38.3
有差异,差异在50%以上	17	5.0
缺失	2	0.6
总计	342	100.0

7.3.3 第三部分:药师对仿制药信任度及仿制药一致性评价政策改革看法

这一部分中,药师对仿制药信任度的问题主要设置为"自己或家人生病时,会优先选用的药品"。从表7-5可以看出,选择原研药的比例为41.8%,选择仿制药的为1.5%,视情况而定的为56.7%。这与丁香园对医生的调查有显著差别。高达六成左右的药师在选择药物时还是理性选择,也说明了并非所有治疗领域完全否定仿制药。

表7-5 自己或家人生病时,您会优先选用

	人数	百分比/%
原研药	143	41.8
仿制药	5	1.5
视情况而定	194	56.7
总计	342	100.0

在仿制药替代政策的支持上,选择支持这一政策的药师比例高达70%以上(表7-6)。而在"通过仿制药质量和疗效一致性评价及药品监管部门一系列改革举措,我国可以实行仿制药替代政策"这一答案的支持力度为89.8%(包括中立),如表7-7所示。因此,我们认为在通过一致性评价政策后,实行仿制药替代的药师人群支持力度较高。

第七章 药师对仿制药一致性评价认知的调研

表7-6 关于是否支持目前我国实行仿制药替代政策的看法

	人数	百分比/%
支持仿制药替代	254	74.3
不支持仿制药替代	84	24.6
缺失	4	1.2
总计	342	100.0

表7-7 药师对于仿制药及一致性评价政策改革的观点

	非常同意 5	同意 4	中立 3	不同意 2	非常不同意 1	平均值	标准差
仿制药性价比较高 ($n=342$)	35 (10.2%)	94 (27.5%)	168 (49.1%)	33 (9.6%)	12 (3.6%)	3.31	0.909
在工作中，仿制药患者接受度较高 ($n=341$)	16 (4.7%)	98 (28.7%)	167 (49.0%)	49 (14.4%)	11 (3.2%)	3.17	0.849
从我的经验来看，大部分仿制药（70%以上）与原研药在治疗上是等效的 ($n=339$)	25 (7.4%)	91 (26.8%)	118 (34.8%)	90 (26.5%)	15 (4.5%)	3.06	1.003
从我的经验来看，总体上仿制药在安全性（不良反应）方面与原研药存在较大差异 ($n=341$)	23 (6.7%)	139 (40.8%)	105 (30.8%)	63 (18.5%)	11 (3.2%)	3.29	0.953

仿制药一致性评价政策研究

续表

	非常同意 5	同意 4	中立 3	不同意 2	非常不同意 1	平均值	标准差
不同厂家的仿制药疗效、不良反应存在较大差异 ($n=342$)	69 (20.2%)	199 (58.2%)	52 (15.2%)	20 (5.8%)	2 (0.6%)	3.92	0.797
参比制剂应当为原研药 ($n=342$)	118 (34.5%)	138 (40.4%)	59 (17.3%)	21 (6.1%)	6 (1.7%)	4.00	0.961
当参比制剂不可获得或者不匹配时,可以用质量较高的仿制药代替 ($n=341$)	35 (10.3%)	179 (52.5%)	66 (19.3%)	47 (13.8%)	14 (4.1%)	3.51	0.990
对仿制药质量和疗效一致性评价政策 ($n=342$)	102 (29.8%)	130 (38.0%)	95 (27.8%)	11 (3.2%)	4 (1.2%)	3.92	0.898
通过仿制药质量和疗效一致性评价及药品监管部门一系列改革举措,我国可以实行仿制药替代政策 ($n=342$)	58 (17.0%)	144 (42.1%)	105 (30.7%)	32 (9.3%)	3 (0.9%)	3.65	0.899

从表7-7我们可以看出,得分最高的3个选项为B14、B13和B16,即药师对"参比制剂应当为原研药""不同厂家的仿制药疗效、不良反应存在较大差异"及"仿制药质量和疗效一致性评价政策"认同度较高。得分最

第七章 药师对仿制药一致性评价认知的调研

低的选项为第 11 题,即从 "我的经验来看,大部分仿制药(70% 以上)与原研药在治疗上是等效的",即大部分药师对此的认同度不高。

测量的信度是指测量数据的可靠性,主要是指实际测量的内容与应当测量内容之间的一致性和稳定性。信度可以通过不同时间点重复测量的结果或者不同测量方法得到结果的一致性来进行衡量。信度包括 3 种类型:重测信度、复本信度及内部一致性信度。内部一致性信度是指调研内容的一致性,又称同质性信度。一般用 Cronbach's Alpha 系数进行内部一致性分析。Cronbach's Alpha 系数在 0~1 变化,一般等于或小于 0.6 时,则认为测量内部一致性信度差。可以用 Spss 软件来计算该系数(表 7-8)。

表 7-8 可靠性统计

克隆巴赫 Alpha	0.781
项数	9
有效个案数	337
缺失	5

本部分的测量中第 9 至第 17 题为李克特五点量表法设计的问题,因此,对调查结果进行信度分析。本次调查中克隆巴赫 Alpha 为 0.781,则说明本次问卷设计中 9 个李克特五点量表式问题信度较好。问题之间的内部一致性较高(表 7-9)。

表 7-9 KMO 和巴特利特检验

KMO 取样适切性量数		0.814
巴特利特球形度检验	近似卡方	1083.514
	自由度	36
	显著性	0.000

效度是指测量的精确度,是指测量结果相对于实际情况的精确程度。一个有效度的测量一定是有信度的。效度也分为 4 种类型:内容效度、结构效度、一致性效度和收敛效度。内容效度是指测量内容是否符合测量的目的和要求。结构效度是指测量方法是否考虑到了影响测量结果的各种因素。一致性效度是一种测量的结果与另一种对相同问题的测量结果是否一致的程度。收敛效度是指当测量某一概念或属性时,应当可以采用各种不同的测量工具

仿制药一致性评价政策研究

和方法得到所需结果的程度。

在开放式问题"您工作中是否收到过有关仿制药的抱怨或投诉?请举例说明"。对答案进行初步整理如表 7-10 所示。在回答的药师中,有一部分填写的是"无"或者"暂时没有"。此处整理回答"有"涉及的品种。

表7-10 药师反映的仿制药临床疗效的投诉或抱怨

通用名	疗效和不良反应比较	反映人次/次
头孢哌酮舒巴坦 VS 舒普深	国产不如原研。小儿发烧 3 天,使用国产头孢哌酮舒巴坦 3 g tid 难以退烧,使用舒普深 1.5 tid 一天退烧	5
头孢曲松	国产不如原研	4
国产头孢拉定针剂	效果远低于头孢他啶	2
沙星类抗生素	某国产基本无效,导致患者住院 1 个多月	1
青霉素	进口青霉素不良反应低,国产高	1
国产氧氟沙星滴眼液	有刺激性,进口无	2
左氧氟沙星滴眼液	进口疗效好,国产效果不明显	1
国产美罗培南	没有原研抗感染效果好, 没有美平效果好(儿科)	2
原研药立普妥和仿制药阿乐	同一位患者服用后药效对比有差异	1
阿托伐他汀钙	进口原研药降脂效果好,而低剂量原研药可控制; 托伐他汀钙片,国产用低剂量血脂高点,用高剂量血脂降幅大; 阿托伐他汀钙仿制品过多,部分仿制品无效; 阿托伐他汀 20 mg 1 片与阿托伐他汀 10 mg 2 片服用后的降脂效果不同	4
奥美拉唑针	不如原研	1
氨氯地平分散片不同厂家,患者的耐受程度不同		1

第七章 药师对仿制药一致性评价认知的调研

续表

通用名	疗效和不良反应比较	反映人次/次
尼莫地平，非洛地平（2.5 mg、5 mg）		1
卡培他滨	不如原研	1
七氟烷	不如原研	1
二甲双胍片	国产药消化道反应明显更多更严重	1
目前未接触到抱怨或投诉，仿制药价位相比原研药价位较低，一些肿瘤患者接受度较高	收到过反映仿制药的效果，有人认为仿制药仿得真。	2
粒细胞刺激因子	首仿效果好	1
作为一名临床药师，在临床上从药物疗效看	还是原研药疗效好，尤其在抗菌药物、降压、降脂、抗肿瘤方面，差异很大的	1

药师所反映的具体药物品种主要集中在抗生素、降糖药、降脂药、降压药、麻醉药等。其中最为突出的是抗生素类及心血管类用药，也有药师反映抗肿瘤药因为仿制药价格低廉的原因患者接受度高。

7.3.4 Logistic 回归分析结果

在表 7-11 中，模型一行输出了 Logistic 回归模型中似然比检验结果。$P<0.05$ 表示本次拟合的模型中，至少有一个变量的 OR 值有统计学意义。

表 7-11 模型系数的 Omnibus 检验

		卡方	自由度	显著性
步骤 1	步骤	13.050	1	0.000
	块	13.050	1	0.000
	模型	13.050	1	0.000

本次统计过程中筛选变量的方式是前向最大似然法，表 7-12 列出了最终筛选进入模型的变量和其参数。其中 Sig. 一列表示相应变量在模型中的 P 值，Exp（B）和 95% CI for EXP（B）表示性别变量的 OR 值为 2.764，其

95%可信区间为1.546~4.942，如表7-12所示。结果显示女性比男性支持仿制药替代政策。其他变量如年龄、工作年限、学历、职称等对支持仿制药替代的影响不具有显著性。

表7-12 支持仿制药替代的影响因素

性别	人数/人	OR	95% CI	p
男性	130	1.00	NA	NA
女性	212	2.764	1.546~4.942	0.001

NA：Not Application 表示不适用。

7.4 讨论

在本次研究中药师对我国仿制药一致性评价政策态度调查显示，"从我的经验来看，大部分仿制药（70%以上）与原研药在治疗上是等效的"达到同意以上的药师比例只占33.9%。"总体上仿制药在安全性（不良反应）方面与原研药存在较大差异"。同意此观点药师比例占到47.3%。在爱尔兰的一项针对药师的调研中，"仿制药总体上与原研药质量上是等效的"达到同意以上的比例为97.7%，"仿制药与原研药是同等安全的"同意以上的比例为100%[118]。这说明我国仿制药信任度较低。"对仿制药质量和疗效一致性评价政策"支持度显示，同意以上比例高达68%。通过一致性评价政策后同意仿制药替代的比例为59.1%，支持度相对较好。

研究的局限在于调查选择的样本主要集中在河南地区，外省地区的样本量较少，受访者药师以三甲医疗机构药师为主，零售药店及二级医疗机构样本较少，药师的选择可能会影响到整个调查结果，例如，药店零售药师的学历背景、工作经验等，可能对仿制药概念、质量影响因素、一致性评价政策等结果产生一定影响。

7.5 结论

药师认为总体上仿制药在安全性方面与原研药存在较大差异，以及不同厂家仿制药质量存在较大差异。部分抗生素、心血管类仿制药在临床使用时受到抱怨或投诉。药师对我国目前仿制药信任度较低，对仿制药质量和疗效一致性评价政策支持度较高。

第八章　主要结论与展望

8.1　主要结论

8.1.1　仿制药一致性评价政策改革的评价、建议

（1）参比制剂的界定应尽快明确并考虑例外情形

对一致性评价中确实无法获得参比制剂的产品，可以考虑参比制剂的例外情形，基于良好的安全性、有效性证明来确定仿制药来作为参比制剂。至今 CFDA 共发布了 16 批、1096 条参比制剂信息，仍有大量品种参比制剂未被明确。对具体品种分析可知，其参比制剂发布前，仿制药企业参比制剂备案较多，发布后临床试验开展企业的数量较多。即大多数企业选择观望，待参比制剂公布后才有实际进展。因此，总局应及时公布参比制剂，加快企业开展一致性评价的速度，避免造成企业资源浪费。

（2）一致性评价政策改革需要考虑我国制药工业的现状

仿制药一致性评价相关政策创新程度较高，相关标准从发展中国家的标准提高到发达制药国家的标准，而行业的进步需要一定的时间和空间去提升技术、改进制度和惯例、消化政策等。原研药企业和仿制药企业是天然的存在竞争，原研药企业为了最大利润，已经形成了专利链条，如化合物专利、生产工艺专利、晶型专利、剂型专利等。这些专利形成了较大的技术壁垒，为仿制药进入制造了阻碍。另外，在专利到期后，通过授权仿制药来获取仿制药一定市场份额。还有逆向支付等以阻碍仿制药进入市场形成竞争。

一致性评价政策主要参考的是日本品质再评价工程，但是我国制药工业和日本制药工业有很大不同，日本只有 70 多家仿制药生产企业，其中的 30 多家企业不仅生产仿制药，还致力于原研药品的开发。而我国仿制药的企业多达三四千家。在日本品质再评价工程中，原研药企业能主动提供参比制剂并与仿制药企业、政府检验部门进行预实验方案讨论，在我国并不一定

适用。

日本仿制药的市场份额所占比例较小,在 2009 年仿制药市场份额仅占 20.2%。尽管日本进行了 3 次药品品质再评价工程,但是在 2012 年由日本卫生劳动和福利部对 987 名医生及 1332 名患者进行的一项调查显示,17.2% 的医生和 37.2% 患者没有使用过仿制药。对于"不处方仿制药的原因",对质量有疑问的占受访者的 70% 以上,其次是对疗效持有疑虑、不良反应、不充分的信息等项。尽管医生许可替换仿制药并有签名,84.5% 的患者不想改变处方[52]。

(3) 政策的时间性和稳定性,建议可分阶段进行

无论新药还是仿制药的研发都要经过一个漫长的过程和阶段,还要经过较长时间进行注册审批,因此,建议在改革初期应该给予企业一定时间的过渡期。仿制药一致性政策出台时间紧、密度大,给企业转型的时间过紧。因此,一旦企业失败,研发的巨大投入就打了水漂,企业面临的政策风险大。政策改革应该以牺牲尽可能小的改革成本来获取医药行业的进步。建议可以分 2 个阶段进行,首先应该进行的是 2007 年之前的基本药物开始试点。等基本药物完成后,对政策实施效果进行科学充分的评价,再考虑是否对 2007 年之后的品种进行一致性评价。在时间点上,应该给予仿制药研发的平均周期作为时间期限,考虑到原辅料、参比制剂的选择及采购的时间,以及处方、生产工艺的改进,预 BE 的时间,BE 临床基地的紧缺等,2018 年年底的时间较为紧张。

历史发展进程中基于认知的局限及客观事物的发展所遗留的问题,其解决不可能一蹴而就,美国 DESI 项目从 1968 年启动,因为多种因素,美国至 2005 年仍没有将所有旧药物进行最后定论,确认"无效"的药品并未从市场上完全撤市。

(4) 一致性评价政策改革中的透明度及沟通渠道

一致性评价工作中的信息透明度较高。CFDA、中国食品药品检定研究院等官网建立"仿制药质量和疗效一致性评价专栏",有关仿制药一致性评价政策、政策解读、指南、公布参比制剂等信息可以通过官网便捷查询。通过仿制药一致性评价的所有产品信息(包括药品说明书以及审评信息)都发布在中国上市药品目录集数据库中,任何人都可以通过互联网公开获取。

(5) 尽快建立基于 BCS 分类豁免品种名单

我国一致性评价中 BE(生物等效性研究)豁免原则与 FDA 标准相似。

第八章　主要结论与展望

但我国至今共提出可豁免体内 BE 的药品仅 2 批，共 82 个品种。

杨丹等将 FDA 发布的 BE 豁免药物与我国发布的 289 品种目录比较分析，结果发现阿卡波糖、阿莫西林等 59 个品种都可以进行 BE 试验豁免[119]。BE 豁免药物品种少且发布速度迟缓，部分进展快的企业已开展或完成 BE 试验，这无疑会打击优秀企业的积极性，造成无效资源浪费。因此，应加快确定并发布 BE 豁免品种，节约审评资源，加快审评速度。

（6）特定、复杂仿制药的审批

基于科学建议，逐步建立特定产品仿制药的审批路径，可以大大减少仿制药一致性评价的成本，提高评价效率。如阿卡波糖片，全身吸收不到 2%，主要在胃肠道发挥作用。同时，其也是 289 品种目录之一，作为糖尿病用药，市场份额较大。可借鉴美国的特定产品仿制药审批路径，在药学研究一致的前提下，只进行体外溶出试验。

对于复杂仿制药的审批，FDA 在其官网征求意见。一旦有科学建议，就会建立其审批路径。我国应建立基于科学建议的复杂仿制药审批制度。

（7）基本药物一致性评价品种激励政策需要进一步加强

目前，针对一致性品种的鼓励政策在国家层面已基本明确，地方层面优先采购、医保支付、促进临床使用等政策也已出台，但都是原则性规定。

在招标采购环节，上海、江苏、山西、陕西、内蒙古、宁夏、吉林、广西、辽宁、湖北、四川、山东、青海等 14 省（市、区）针对一致性品种，入围规则以"直接挂网"为主，通过"限价"控制价格水平，其实都是在已有中标结果上"打补丁"，尚缺乏系统完整的采购规则。

在医保支付环节，仅福建通过联合限价阳光采购，与最高销售限价联动，制定医保支付结算价。

在使用环节，各省政策要求与国家思路基本一致，如"临床中优先使用""纳入与原研药可相互替代药品目录""载入中国上市药品目录集""落实按药品通用名开具处方"及"向艾滋病、结核病患者优先提供仿制药使用"等。但国际上通用的促进仿制药替代的橙皮书制度、优先药品目录、医保分层共付、DRG、医生处方和药师替代激励、公众教育等有效政策，在国内尚未执行或者处于政策空白，导致鼓励采购、使用、支付等相关优惠政策无法真正有效实施。

8.1.2 通过一致性评价政策后的品种管理

(1) 防止一致性评价变"一次性评价"需要建立药品全生命周期管理制度

仿制药一致性评价并非"一次性评价",评价之后的质量监管仍然贯穿于药品的全生命周期。通过一致性评价,后续企业质量问题把控及主管部门的监管仍非常重要。因此,生产企业作为药品质量责任主体,树立 GMP 意识,执行 GMP 操作,对保证药品质量有积极意义。对监管部门而言,建立全生命周期的仿制药质量监管制度是一项系统工程,需要从仿制药研发、市场准入、临床试验、原料辅料采购运输、药品生产、上市后不良反应监测、产品回顾与分析等每一个环节都需要建立有效运行保证质量的制度。

(2) 提升对仿制药的信任度

我国仿制药行业发展良莠不齐,通过对医师、药师的调研得知,部分仿制药与原研药在质量和疗效存在一定差异。但是,仍然有许多仿制药在市场上得到医师、药师和患者的认可。仿制药质量和疗效一致性评价政策的推行将优良的仿制药留在市场,淘汰差的仿制药,优胜劣汰,将会给我国医疗保障制度提供有力的药物保障基础。仿制药质量的提升和仿制药信任度之间的关联度仍存在一定的差异。由于历史等原因,我国仿制药质量信任度较低,通过一致性评价后,提升仿制药信任度对于形成良好的仿制药政策有积极意义。

(3) 充分利用大数据进行上市后药品再评价

美国前哨系统计划可以和研究者合作进行仿制药上市后与原研药进行的疗效和安全性评价研究,包括他汀类药物回顾性研究。目前,我国的药品不良反应监测系统数据库亦积累了大量有关仿制药和原研药的安全性数据。如何利用好这些数据并开展相关的评价工作,政府必须和研究机构、研究者合作,开展相关临床研究、数据分析和评价等,从而提高决策水平。也可以不断完善系统,建立仿制药上市后与原研药疗效和不良反应差异的评价系统,通过医疗机构、药店等药师上报数据等方式,完善药品上市后疗效评价体系[120]。在互联网和信息化不断发展的今天,大数据的应用和分析将会为仿制药的再评价提供有力的评价工具。

(4) 逐步推行仿制药替代制度

随着一致性评价工作的不断推行,通过一致性评价后的药品在各地的集

第八章 主要结论与展望

中采购、使用等方面都规定了措施。未来的仿制药替代应在我国逐步试点和推行，可以大大节约宝贵的医保资金。可以充分发挥各医疗机构中药师的作用，设立仿制药替代激励政策，推行仿制药的应用。

8.2 本研究的创新与不足

8.2.1 本研究的创新之处

①对仿制药及参比制剂定义的要素进行系统归纳和总结。

②对仿制药一致性评价政策的国际比较进行了较为详细的文献检索和分析，对一致性评价政策改革的背景、进程及阻碍、利益相关者、审评透明度等进行了监测分析和评价。

③对一致性评价和药品标准关系进行了辩证思考。

④本研究对国内药师对仿制药知识、观点及一致性评价的看法等进行了详细调研。开放式问题的设计则为未来循证药学研究及真实世界证据的研究提供参考。

8.2.2 本研究的不足之处

仿制药一致性评价政策牵涉方方面面，事关国计民生，牵涉的历史长、任务重，改革困难重重。由于时间、方法、能力有限等，本研究还存在一定的局限。

①缺少对仿制药企业一致性评价中遇到困难的深入调研。

②289 品种一致性评价激励政策完善。

8.3 未来展望

2018 年年底是 289 个品种通过仿制药一致性评价的最后时间节点，但目前的通过率不容乐观。仿制药一致性评价未来仍然面临着巨大压力和困难。历史问题的解决不可能在短时间内完成，因此，未来两年仍然是一致性评价的关键时间。

随着药品管理法律法规修订及改革的推进，提高仿制药注册标准，严格仿制药注册审批，执行质量源于设计的理念，与国际药品注册接轨将会长期存在。我国仿制药企业应做好积极应对，认真做好处方工艺、质量标准、晶型、粒度和杂质等研究，必要时可以争取发展改革委、工业和信息化部、省级政府等各级部门的资金支持及各级技术机构帮助。

药品的技术标准及检验是药品科学监管的重要手段，监管中应充分考虑技术监管与制度监管的平衡。影响仿制药品质量因素主要是原料、辅料、生产设备、生产工艺、包装材料、管理制度等。仿制药与原研药质量差距不仅体现在药品研发及注册环节，也牵涉上游原料、辅料、包装材料、设备、专利、制剂技术及管理制度等差异。仿制药管理制度是一项系统工程，任何一个环节都应该重视。制定科学的监管政策也至关重要。

2017年全球药物销售排名前10位的重磅炸弹药物有5个是单克隆抗体药物，如排名第1位的抗自身免疫疾病药物修美乐2017年全球销售额高达184.3亿美元，另外有2个是融合蛋白药物，小分子药物占比只有3个[121]。未来，生物制剂等大分子药物在医药市场中举足轻重。因此，注射剂一致性评价、复杂仿制药的审批、生物类似药的审批都面临着技术的、法律的、科学等一系列监管问题，这为未来的监管审批带来了更大的挑战和困难。然而更高的行政效率、透明的信息机制、处理争端的沟通机制等将为问题的解决提供有力的制度保障。

附录 A　卫生政策改革监测问卷

卫生政策网络调查问卷

时间起止日：

国家：

调查编号：

作者及主要贡献者：（请仅注明作者/贡献者姓名或研究所的名称，如果报告代表您的机构的立场。有关作者的其他信息，链接到个人网站等或审稿人姓名请使用随后的文本字段"作者评论"）

对作者的评论：

1. 卫生政策的题目

政策名称/报告的题目：_____

日期：_____

该项政策以前的调查中是否报告过？

☐ 是

☐ 否

以前调查的名称：_____

2. 将选定的卫生政策问题填写在矩阵中

请仔细阅读下面矩阵中列出的健康政策问题类别并勾选合适的选项：

☐ 假如一项卫生政策在 6 个月内已经经历了数个阶段，可以在下列框内做出标记

☐ 假如一项政策明确包含不止一种类别（如引进新的薪酬制度以加强综合护理），那么所有合适的框内都应做出标记

		Process stages						
	Issue categories	Idea ◇	Pilot project	Policy paper ◇	Legislative process ◇	Implementation	Evaluation	Abandonment Change
1.1	Funding/Pooling	☐	☐	☐	☐	☐	☐	☐
1.2	Remuneration/Payment	☐	☐	☐	☐	☐	☐	☐
2	HR – training and capacity	☐	☐	☐	☐	☐	☐	☐
3	Quality improvement	☐	☐	☐	☐	☐	☐	☐
4	Benefit basket	☐	☐	☐	☐	☐	☐	☐
5	Access	☐	☐	☐	☐	☐	☐	☐
6	Responsiveness	☐	☐	☐	☐	☐	☐	☐
7	Political context	☐	☐	☐	☐	☐	☐	☐
8	System organisation/Integration	☐	☐	☐	☐	☐	☐	☐
9	Long-term care	☐	☐	☐	☐	☐	☐	☐
10	Role of private sector	☐	☐	☐	☐	☐	☐	☐
11	Pharmaceutical policy	☐	☐	☐	☐	☐	☐	☐
12	New technology	☐	☐	☐	☐	☐	☐	☐
13	Prevention	☐	☐	☐	☐	☐	☐	☐
14	Public Health	☐	☐	☐	☐	☐	☐	☐
15	Others	☐	☐	☐	☐	☐	☐	☐

附录A　卫生政策改革监测问卷

3. 摘要（max. 500 characters）

摘要将显示在报告和网站的搜索结果页面上。

请用非常准确和全面的方式描述政策的目的、结果（或预期的及结果）。

3.1　政策或观点的目的

卫生政策观点的主要目的是什么？请描述主要的目标、特征及期待的政策结果、方法或工具。什么类型的激励措施被建立或者与该政策有关？这些措施都是影响谁及如何影响？

3.2　结构化摘要

主要的目标和特征：_____ 激励类型（财政的和非财政的）：_____ 影响的群体： ①_____ ②_____

4. 政策发展的政治及经济背景

政府或政治方向有变化吗？是否有必要或有压力要符合欧盟法规（如适用）或 WTO/GATS 法规？这种健康政策是否起源于或旨在实现总体目标——国家（或地区）卫生政策宣言，如卫生政策项目、卫生计划、卫生目标？如果是－哪一个？

☐ Change of government

Comment（max. 255 characters）：

☐ Need to comply with EU Regulation

Comment（max. 255 characters）：

☐ Need to comply with WTO/GATS

Comment (max. 255 characters):

☐ Need to comply with something else

Comment (max. 255 characters):

☐ Change based on an overall national health policy statement

Statement Title (max. 255 characters):

5. 卫生政策进程

5.1 卫生政策观点的起源

政策观点主要产生于何处，何时产生及由谁提出？卫生政策观点的主要目的是什么？将使用哪些工具来实现这种观点或政策的原则目的？政策观点背后的驱动力是谁？为什么？谁是主要推动者？

该政策是否是一种全新的方法？它是否遵循早期的讨论，是否是从其他地方借鉴而来？它是否旨在修改/更新先前的法规（进行变革），为什么会通过？请解释。对于这项创新是否有小规模的例子（例如，在地方一级，在一个机构内，作为试点项目）？请解释。

5.1.1 政策观点的方法

政策观点的方法可以描述为：

☐ 新的（New）

评论：_____

☐ 更新的（Renewed）

评论：_____

（首次提出来的，进入争议的时间，起源的国家等）

☐ 补充（An Amendment）

评论：_____

（何项改革、立法等）

5.1.2 创新或模型项目

是否有任何小规模的创新的例子或经验？

□ 否

□ 是的，比如

地区水平、何种机构内：_____

作为试点项目（试点位置）：_____

其他：_____

5.2 观点的主要发起人/主要角色/角色分析

请从下拉菜单中选择主要的参与者的主要群体（当您单击文本字段"政府"时，将显示下拉菜单）并填写下表详细说明每个参与者或群体在实际参与政策方面的具体情况，他们对所审查政策的立场（对于还没有定位的群体或参与者，保持空白）

参与者分析

对于每个参与者/参与者群体/利益相关者，请按照下例在后续专栏中指出一个或几个特定的小组：例如，政府－请明确如果是总理、卫生部、财政部或其他办公室；例如，提供者－明确您是否指全科医生、专家、其他卫生专业人员或住院部门（公立或私立医院，收容所，其他）。

然后，您将被要求指出您指定的每个参与者或参与群体的位置和影响程度。

警告：请注意，在线插入报告时，内容管理系统要求您为您提到的每个参与者填写表格（即每位参与者的位置和影响力等级）；否则，当您保存工作时，您将看到错误消息，并且无法继续完成调查。

在网站上，参与者或参与群体的位置变化将在此次和未来的后续调查生成的报告中以不同的颜色显示。

Main actors：Government

Comment（max. 255 characters）：

Specific actor/group	Position	Influence
	very supportive	very strong
	very supportive	very strong
	very supportive	very strong
	very supportive	very strong
	very supportive	very strong

5.3 政策文件及利益相关者的位置

其他利益相关者、受影响群体对于这一观点或政策及其主要目的主要看法是？

哪些人反对这个观点或政策，为什么？相关参与者是否接受了这一想法或政策；还是被废止？是否制定了政策文件？谁制定的，谁在提出这个想法或政策方面担任领导角色？在支持该观点或者新政策时利益相关者之间是否有联盟？谁调解利益相关者之间的利益冲突？

5.4 立法进程：政策制定或立法中的影响

这个观点或卫生政策的发展是否已经或将会导致正式的立法？在此流程中，原始提案在多大程度上已被更改或修订？

您能描述立法过程中涉及的各种参与者和利益相关者的权力和影响吗？

5.4.1 立法进程：结果

从下拉菜单中选择合适的词语。

5.5 采纳和实施

哪些参与者和利益相关者已经参与或将要参与采纳过程？哪种方式是必要的－即成功实施/实现政策目的的工具是？谁主持这个过程？这些参与者和利益相关者是否正在积极参与这一过程？如果没有，为什么？该政策的实施还有谁或将直接或间接地受到影响？为什么及如何影响？实施的成功程度如何，或实施的可能性有多大（专家意见请使用问题6和7）？障碍在哪里？

附录A 卫生政策改革监测问卷

除了提供的激励措施之外，还有哪些激励措施可以促进这项政策的实施？为说服或承诺安抚这项政策的反对者，我们采取了哪些方法？

5.6 监测和评价

这项政策是否预见到了一种机制以定期审查实施进程、政策影响、目标的总体适当性及是否与您的国家卫生政策（如果适用）一致？如果是，请说明。已确定哪些指标用来衡量成功？是否已采取预防措施以尽量减少改革的非预期的效果？如果评价已经实施，请提供结果。评价是否会导致政策变更或放弃？

5.6.1 审查机制
□ 中期审查或评价
□ 最终评价
□ 内部的（如质量管理系统、质量管理人员）
□ 外部的（如咨询公司、学术机构、独立专家）
□ 不应用

5.6.2 评价维度
□ 结构
□ 进程
□ 结果

5.6.3 评价结果

6. 预期成果/政策总体评估（专家意见）

研究评估卫生政策的预期目标和效果：政策是否会实现其目标？什么可

能是其非预期的不良影响？对成本、质量、准入/公平等有何影响？

7. 评估该项政策（专家观点）

7.1 该项政策特征

从下拉框选择合适的词语。

创新程度：传统的

争议程度：有争议

结构或系统的影响：比较小

公众认知度：非常低

可转换性：很强的制度依赖

请对该政策的特征的总体判断进行评论：

7.2 评估该政策的影响（专家观点）

请从下拉菜单中选择合适的选项。

卫生保健服务质量的影响：很小

公平程度：不太公平

对成本效率的影响：非常低

请对该政策影响的评价进行评论：

附录A 卫生政策改革监测问卷

8. 信息来源

请说明链接、论文或出版物以便进一步阅读该政策或观点,以及用于该项调查的数据或信息来源。

9. 关键词

请选择一个或多个关键词来更好地描述你的报告。关键词可以提高你调查的可检索性。

附录 B 药师对仿制药知识及一致性评价政策改革调查问卷

药师对仿制药/原研药知识、经验及一致性评价政策改革的调查

尊敬的药师：

您好！首先非常感谢您能在百忙之中参与此份问卷的填写，问卷填写大约花费您 5~10 分钟的时间，您的回答对本研究非常重要。仿制药在我国医疗卫生领域中占据重要的民生地位，但其与原研药疗效及不良反应的差异日益受到重视。该问卷主要用于药师对仿制药概念认知、看法及仿制药政策改革观点。问卷以匿名方式进行，我们确保对您提供的信息仅用于研究目的且负有保密义务。所有的原始问卷在调查完成后将全部销毁。感谢您对本次研究给予的支持与帮助！

沈阳药科大学工商管理学院　郑州大学药学院
仿制药管理制度研究课题组
联系人：王老师 13676951812　wqy3s@zzu.edu.cn

第一部分　基本资料

1. 您的性别：①男　　②女
2. 年龄：①30 岁以下　②30~39 岁　③40~49 岁　④50~60 岁　⑤>60 岁
3. 教育程度：①高中或中专以下　②大专　③本科　④硕士　⑤博士及博士后
4. 职称：①药师或药士　②执业药师/主管药师　③副主任药师　④主任药师
5. 工作年限：①5 年以内　②5~10 年　③11~15 年　④16~20 年

附录B 药师对仿制药知识及一致性评价政策改革调查问卷

⑤20 年以上

6. 工作单位：①基层医疗机构　②二级医疗机构　③三甲或以上医疗机构　④零售药店　⑤医药商业企业　⑥其他

7. 所在地区：　　省　　　市　　　县

第二部分　药师对仿制药的认知及观点

1. 您是否知道仿制药的定义？
   □ 是　　　　□ 否

2. 你是否了解仿制药定义的最新变化？
   □ 是　　　　□ 否

3. 您是否了解生物利用度及生物等效性概念？
   □ 是　　　　□ 否

4. 与原研药质量相比，您觉得我国仿制药质量水平如何？
   □ 与原研药无较大差异　　　□ 基本无差异
   □ 有一定差异　　　　　　　□ 有较大差异

5. 您认为我国仿制药与原研药质量差异的主要原因是？（可多选）
   □ 市场准入标准过低　　　□ 原料药质量不高
   □ 辅料质量不高　　　　　□ 生产工艺存在问题
   □ 国家药品标准过低　　　□ 监管不严
   □ 其他

6. 您认为原研药和仿制药是否存在疗效差异？
   □ 无差异　　　　　　　　　　□ 有差异，差异在 0~20%
   □ 有差异，差异在 20%~50%　　□ 有差异，差异在 50% 以上

第三部分　药师对仿制药信任度及仿制药一致性评价政策改革的看法

7. 自己或家人生病时，您会优先选用？
   □ 原研药　　　　□ 仿制药　　　　□ 视情况而定

8. 您是否支持目前我国实行仿制药替代政策？
   □ 是　　　　□ 否

9. 仿制药性价比较高。
   □ 非常同意　　　　□ 同意　　　　□ 中立

☐ 不同意　　　　　☐ 强烈不同意

10. 在工作中，仿制药患者接受度较高。
☐ 非常同意　　　☐ 同意　　　　　☐ 中立
☐ 不同意　　　　　☐ 强烈不同意

11. 从我的经验来看，大部分仿制药（70% 以上）与原研药在治疗上是等效的。
☐ 非常同意　　　☐ 同意　　　　　☐ 中立
☐ 不同意　　　　　☐ 强烈不同意

12. 从我的经验来看，总体上仿制药在安全性（不良反应）方面与原研药存在较大差异。
☐ 非常同意　　　☐ 同意　　　　　☐ 中立
☐ 不同意　　　　　☐ 强烈不同意

13. 不同厂家的仿制药疗效、不良反应存在较大差异。
☐ 非常同意　　　☐ 同意　　　　　☐ 中立
☐ 不同意　　　　　☐ 强烈不同意

14. 参比制剂应当为原研药。
☐ 非常同意　　　☐ 同意　　　　　☐ 中立
☐ 不同意　　　　　☐ 强烈不同意

15. 当参比制剂不可获得或者不匹配时，可以用质量较高的仿制药代替。
☐ 非常同意　　　☐ 同意　　　　　☐ 中立
☐ 不同意　　　　　☐ 强烈不同意

16. 我对仿制药质量和疗效一致性评价政策。
☐ 强烈支持　　　☐ 支持　　　　　☐ 中立
☐ 反对　　　　　☐ 强烈反对

17. 通过仿制药质量和疗效一致性评价及药品监管部门一系列改革举措，我国可以实行仿制药替代政策。
☐ 非常同意　　　☐ 同意　　　　　☐ 中立
☐ 不同意　　　　　☐ 强烈不同意

18. 您工作中是否收到过有关仿制药的抱怨或投诉？请举例说明。

附录 C　缩略语简表

缩写	全称	含义
ANDA	Abbreviated New Drug Application	仿制药申请
API	Active Pharmaceutical Ingredient	药物活性成分
AUC	Area Under the Curve	血药浓度—时间曲线下面积
BA	Bioavailability	生物利用度
BCS	Biopharmaceutics Classification System	生物药剂学分类系统
BE	Bioequivalence	生物等效性
CFDA	China Food and Drug Administration	国家食品药品监督管理总局
C_{max}	Peak Concentration	最大血药浓度
CRO	Contract Research Organization	合同研究组织
DESI	Drug Efficacy Study Implementation	药物有效性实施项目
EMA	European Medicines Agency	欧洲药品管理局
FDA	Food Drug Administration	美国食品药品监督管理局
GCP	Good Clinical Practice	药物临床研究质量管理规范
GLP	Good Laboratory Practice	药物非临床研究质量管理规范
GMP	Good Manufacturing Practice	药品生产质量管理规范
ICH	International Conference on Harmonization of Technical Requirements for Registration of Pharmaceuticals for Human Use	人用药品注册技术要求国际协调委员会
IGDRP	International Generic Drugs Regulators Program	国际仿制药监管机构项目
IND	Investigational New Drug	研究用新药申请
NDA	New Drug Application	新药申请

续表

缩写	全称	含义
NMPA	National Medical Products Administration	国家药品监督管理局
PK	Pharmacokinetic	药动学
PR	Pharmaceutical Equivalent	药学等效
QbD	Quality by Design	质量源于设计
RLD	Reference Listed Drug	参比制剂
RS	Reference Standard	标准制剂
T_{max}	Peak time	血药浓度达峰时间
TQM	Total Quality Management	全面质量管理
WHO	World Health Organization	世界卫生组织

参 考 文 献

[1] 国家发展计划委员会价格司. 医药价格政策指南 [M]. 北京：中国物价出版社，2001.

[2] 陈彦睿. 我国仿制药政府规制研究 [D]. 济南：山东大学，2012.

[3] 刘昌孝. 药品安全战略与仿制药一致性评价策略 [J]. 中国临床药理学与治疗学，2016 (10)：1081 - 1087.

[4] BANK T W. A generic drug policy as cornerstone to essential medicines in China：executive summary（Chinese）[EB/OL].（2010 - 06 - 01）[2018 - 01 - 19]. http：//documents. worldbank. org/curated/en/196881468219294928/Executive-summary.

[5] 通用名药物品种产业技术创新战略联盟. 中国通用名药发展研究报告：市场准入制度研究 [R]. 2012.

[6] 丁香园调查派. 医生眼中的国产仿制药质量：丁香调查 [EB/OL].（2014 - 12 - 28）[2018 - 10 - 30]. http：//vote. dxy. cn/report/dxy/id/93882.

[7] 国务院. 国务院关于印发国家药品安全"十二五"规划的通知 [EB/OL].（2012 - 02 - 13）[2018 - 10 - 30]. http：//www. gov. cn/zwgk/2012 - 02/13/content_2065197. htm.

[8] 国务院. 关于改革药品医疗器械审评审批制度的意见 [EB/OL].（2015 - 08 - 18）[2018 - 10 - 30]. http：//www. gov. cn/xinwen/2015-08/18/content_2914901. htm.

[9] 证券时报. 国务院四举措促消费品工业升级 推进与国际标准对标 [EB/OL].（2016 - 05 - 12）[2018 - 10 - 30]. http：//business. sohu. com/20160512/n448964807. shtml.

[10] 中共中央办公厅国务院办公厅. 关于深化审评审批制度改革鼓励药品医疗器械创新的意见 [EB/OL]. [2018 - 10 - 30]. http：//www. gov. cn/zhengce/2017-10/08/content_5230105. htm.

[11] 孙婷，姜建国，宋更申，等. 国内外不同厂家马来酸依那普利片在4种溶出介质中溶出曲线的比较 [J]. 中国药房，2014（32）：3053 - 3056.

[12] 门鹏，顾歆纯，翟所迪. 基于中文文献的盐酸二甲双胍仿制药一致性评价 [J]. 临床药物治疗杂志，2016（4）：30 - 34.

[13] 张丹，杨漫，韩静，等. 盐酸二甲双胍肠溶片上市后人体生物等效性再评价 [J]. 中国药学杂志，2012（19）：1565 - 1569.

[14] 张丹，杨漫，张娅喃，等. 盐酸二甲双胍片上市后人体生物等效性再评价 [J]. 中

国药学杂志，2013（9）：725 – 729.

［15］任秀华，杜光，刘东，等. 单剂量及多剂量口服硝苯地平缓释片的药动学及生物等效性［J］. 中国药师，2012（12）：1725 – 1728.

［16］周新腾，魏敏吉，石晓东，等. 多剂量口服硝苯地平控释片的人体药动学及生物等效性研究［J］. 中国现代应用药学，2009（11）：924 – 928.

［17］葛庆华，王浩，傅民，等. 国产硝苯地平控释片的药动学和生物等效性研究［J］. 高血压杂志，2005（5）：310 – 312.

［18］连玉菲. 硝苯地平缓释片在健康志愿受试者体内的生物利用度和生物等效性研究［D］. 石家庄：河北医科大学，2009.

［19］廉建伟，李伟，马爱玲，等. 硝苯地平缓释片在健康志愿者体内的生物等效性［J］. 中国临床药学杂志，2008（4）：238 – 242.

［20］廖明琪，邵婷玑，李琳，等. 硝苯地平缓释片在中国健康人体的生物等效性［J］. 中国临床药理学杂志，2012（10）：758 – 760.

［21］徐涛. 硝苯地平缓释胶囊的人体药动学和生物等效性研究［J］. 求医问药（下半月），2012（8）：701.

［22］POLLAK P T, HERMAN R J, FELDMAN R D. Therapeutic differences in 24h ambulatory blood pressures in patients switched between bioequivalent nifedipine osmotic systems with differing delivery technologies［J］. Clin Transl Sci, 2017, 10（3）：217 – 224.

［23］付琴琴，尹丽华，刘海鑫，等. 国产辛伐他汀片与原研制剂的生物等效性研究［J］. 中国药师，2014（8）：1288 – 1291.

［24］张成志，周远大，何海霞. 辛伐他汀片人体生物等效性研究［J］. 中国药房，2009（5）：354 – 356.

［25］于洋，杨汉煜，侯艳宁，等. 辛伐他汀片的人体生物等效性研究［J］. 华北国防医药，2006（6）：385 – 387.

［26］刘鹏，李健和，曹俊华，等. 辛伐他汀片在健康人体中的药动学和生物等效性［J］. 中国医药导报，2009（11）：12 – 14.

［27］孙素珂，李一冬，张凤，等. 两种帕罗西汀片剂生物等效性试验中不良事件的比较［J］. 亚太传统医药，2012（2）：79 – 80.

［28］谢沐风. 简介日本"药品品质再评价"工程（溶出度研究系列一）［J］. 中国药品标准，2005（6）：42 – 46.

［29］牛剑钊，刘佳，李茂忠，等. 日本仿制药品质一致性再评价介绍及对我国的启示［J］. 中国药事，2013（4）：429 – 431.

［30］宋春黎，牛剑钊，张启明，等. 日本药品再评价制度介绍［J］. 中国药学杂志，2014（12）：1087 – 1090.

［31］郑洁，陈玉文. 日本药品品质再评价工程对我国仿制药一致性评价的借鉴［J］. 中

国药业，2014（18）：6-7.

[32] 林兰，牛剑钊，许明哲，等. 国外仿制药一致性评价比较分析［J］. 中国新药杂志，2013（21）：2470-2474.

[33] 冯毅，朱波. 关于我国仿制药质量一致性评价的研究及建议［J］. 中国新药杂志，2016（1）：19-26.

[34] 丁锦希，刘莹芳，郑翠微，等. 我国仿制药一致性评价品种探析［J］. 上海医药，2017（7）：54-59.

[35] 许鸣镝，关皓月，崔猛，等. 仿制药质量和疗效一致性评价参比制剂备案平台数据分析［J］. 中国新药杂志，2018（4）：373-378.

[36] TGA. International generic drug regulators programme（IGDRP）［EB/OL］.［2017-02-06］. http：//www.tga.gov.au/international-generic-drug-regulators-prog ramme-igdrp.

[37] DAVIT B, BRADDY A C, CONNER D P, et al. International guidelines for bioequivalence of systemically available orally administered generic drug products：a survey of similarities and differences［J］. AAPS J, 2013, 15（4）：974-990.

[38] 王建英. 美国药品申报与法规管理［M］. 北京：中国医药科技出版社，2005.

[39] 强桂芬，韩静，杨漫，等. 仿制药上市后生物利用度监测与再评价［J］. 中国药学杂志，2011（16）：1290-1292.

[40] 陈泊颖，韩颜，徐为人，等. 一致性评价产品目录在美国、日本和WHO的参比制剂概况［J］. 药物评价研究，2016（5）：693-710.

[41] 黄海伟，牛剑钊，林兰，等. 美日参比制剂目录的介绍与我国参比制剂目录遴选原则的探讨［J］. 药物分析杂志，2013（11）：2009-2012.

[42] CFR. Code of federal regulations title 21［EB/OL］.（2018-04-30）［2018-10-30］. https：//www.accessdata.fda.gov/scripts/cdrh/cfdocs/cfcfr/CFRSearch.cfm?fr=320.1.

[43] CFR. Code of Federal Regulations Title 21［EB/OL］.（2018-04-30）［2018-10-30］. https：//www.accessdata.fda.gov/scripts/cdrh/cfdocs/cfcfr/cfrsearch.cfm?fr=320.24.

[44] KESSELHEIM A S, GAGNE J J. Product-specific regulatory pathways to approve generic drugs：the need for follow-up studies to ensure safety and effectiveness［J］. Drug saf, 2015, 38（10）：849-853.

[45] BATE R, MATHUR A, LEVER H M, et al. Generics substitution, bioequivalence standards, and international oversight：complex issues facing the FDA［J］. Trends pharmacol sci, 2016, 37（3）：184-191.

[46] KESSELHEIM A S, MISONO A S, LEE J L, et al. Clinical equivalence of generic and brandname drugs used in cardiovascular disease：a systematic review and meta-analysis［J］. JAMA, 2008, 300（21）：2514-2526.

[47] MANZOLI L, FLACCO M E, BOCCIA S, et al. Generic versus brand-name drugs used

in cardiovascular diseases [J]. Eur J Epidemiol, 2016, 31 (4): 351 - 368.

[48] 蔡晓容, 王红梅, 周俊文, 等. 阿托伐他汀仿制药和原研药疗效与安全性的系统评价 [J]. 中国药房, 2016 (24): 3393 - 3396.

[49] 高亚, 蔺小艳, 李载耜, 等. 国产与进口硝苯地平一致性评价的 Meta 分析 [J]. 中国药物评价, 2017 (4): 246 - 251.

[50] SHRANK W H, LIBERMAN J N, FISCHER M A, et al. Physician perceptions about generic drugs [J]. Ann pharmacother, 2011, 45 (1): 31 - 38.

[51] DRUGS O O G. Abbreviated new drug application (ANDA): annual report for 2015 [EB/OL]. (2018 - 01 - 31) [2018 - 11 - 03]. https://www.fda.gov/Drugs/DevelopmentApprovalProcess/HowDrugsareDevelopedandApproved/ApprovalApplications/AbbreviatedNewDrugApplicationANDAGenerics/ucm494187.htm.

[52] FUJIMURA S, WATANABE A. Generic antibiotics in Japan [J]. J infect chemother, 2012, 18 (4): 421 - 427.

[53] 罗莎, 马爱霞. WHO/HAI 药品价格评价及应用介绍 [J]. 中国药物经济学, 2010 (5): 73 - 80.

[54] HAI. Collecting evidence on medicine prices & availability - health action international [EB/OL]. [2018 - 11 - 03]. http://haiweb.org/what-we-do/price-availability-affordability/collecting-evidence-on-medicine-prices-availability/.

[55] SUN Q. A survey of medicine prices, availability, affordability and price components in Shandong Province [EB/OL]. (2005 - 10 - 01) [2016 - 09 - 16]. http://haiweb.org/medicineprices/13082013/Shandong_ Prov_ Report.pdf.

[56] YE L. A survey of medicine prices, availability and affordability in Shanghai, China using the WHO/HAI methodology [EB/OL]. (2006 - 12 - 01) [2016 - 09 - 18]. http://haiweb.org/wp-content/uploads/2015/07/China-Shanghai-Report-Pricing-Surveys.pdf.

[57] YANG H, DIB H H, ZHU M, et al. Prices, availability and affordability of essential medicines in rural areas of Hubei Province, China [J]. Health policy plan, 2010, 25 (3): 219 - 229.

[58] JIANG M, YANG S, YAN K, et al. Measuring access to medicines: a survey of prices, availability and affordability in Shaanxi province of China [J]. PLoS One, 2013, 8 (8): e70836.

[59] 管晓东, 信枭雄, 刘洋, 等. 我国基本药物可获得性评价实证研究 [J]. 中国药房, 2013 (24): 2216 - 2219.

[60] PAPATHANASIOU P, BRASSART L, BLAKE P, et al. Transparency in drug regulation: public assessment reports in Europe and Australia [J]. Drug discov today, 2016, 21 (11): 1806 - 1813.

［61］DAVIT B M，NWAKAMA P E，BUEHLER G J，et al. Comparing generic and innovator drugs：a review of 12 years of bioequivalence data from the United States Food and Drug Administration［J］. ann Pharmacother，2009，43（10）：1583-1597.

［62］谢沐风. 为什么资料公开得如此详尽［N］. 医药经济报，2017-02-20［2018-11-03］.

［63］FDA. Development & approval process（drugs）> Orange Book Preface［EB/OL］.（2018-02-28）［2018-11-03］. https：//www. fda. gov/Drugs/DevelopmentApprovalProcess/ucm079068. htm.

［64］国家食品药品监督管理总局药品审评中心. 中国上市药品目录集［EB/OL］.（2018-11-30）［2018-11-03］. http：//202. 96. 26. 102/about/guide.

［65］GENEVA WHO. WHO Expert Committee on Specifications for Pharmaceutical Preparations（Forty-ninth report）. Guidance on the selection of comparator pharmaceutical products for equivalence assessment of interchangeable multisource（generic）products［R］. 2014.

［66］程刚. 生物药剂学［M］. 4版. 北京：中国医药科技出版社，2015.

［67］CFDA. 总局关于发布普通口服固体制剂参比制剂选择和确定等3个技术指导原则的通告（2016年第61号）［EB/OL］.（2016-03-18）［2018-11-03］. http：//samr. cfda. gov. cn/WS01/CL0087/147583. html.

［68］高杨，耿立冬. FDA，WHO和EMA关于基于生物药剂学分类系统的生物等效性豁免指导原则的比较［J］. 中国新药杂志，2012（24）：2861-2869.

［69］周三多，陈传明. 管理学［M］. 4版. 北京：高等教育出版社，2014.

［70］杨世民. 药事管理学［M］. 6版. 北京：人民卫生出版社，2016.

［71］阿尔文·伯恩斯，罗纳德·布什. 营销调研［M］. 于洪彦，金钰，译. 7版. 北京：中国人民大学出版社，2015.

［72］籍利军. 质量源于设计：药品监管新理念［J］. 中国食品药品监管，2009（7）：31-32.

［73］刘理文. QbD在仿制药工程的应用路径设计［D］. 厦门：厦门大学，2014.

［74］ICH. Pharmaceutical development Q8（R2）［EB/OL］.（2009-07-30）［2018-11-01］. https：//www. ich. org/fileadmin/Public_Web_Site/ICH_Products/Guidelines/Quality/Q8_R1/Step4/Q8_R2_Guideline. pdf.

［75］ICH. Quality risk management（Q9）［EB/OL］.（2005-03-22）［2018-04-20］. http：//www. ich. org/fileadmin/Public_Web_Site/ICH_Products/Guidelines/Quality/Q9/Step4/Q9_Guideline. pdf.

［76］ICH. Pharmaceutical quality system（Q10）［EB/OL］.（2008-06-30）［2018-04-02］. http：//www. ich. org/fileadmin/Public_Web_Site/ICH_Products/Guidelines/Quality/Q10/Step4/Q10_Guideline.pdf.

[77] 张宏斌. 利益集团的政治与经济影响研究 [D]. 上海：上海交通大学，2014.

[78] 林曦. 弗里曼利益相关者理论评述 [J]. 商业研究，2010（8）：66-70.

[79] 罗钰，蒋健敏. 利益相关者理论及其分析方法在卫生领域的应用进展 [J]. 中国卫生事业管理，2011（2）：84-85.

[80] 王永莲，杨善发，黄正林. 利益相关者分析方法在卫生政策改革中的应用 [J]. 医学与哲学（人文社会医学版），2006（4）：23-25.

[81] 陈振明. 公共管理学 [M]. 1版. 北京：中国人民大学出版社，2014.

[82] 赵敏，陈永法，信明慧. 我国国家药物政策制定的研究 [J]. 中国执业药师，2011（5）：38-41.

[83] 孙静. 制定和落实国家药物政策的国际进展及启示 [J]. 中国卫生政策研究，2012（11）：12-18.

[84] 赵永新，吴月辉. 关注：仿制药审批太难了 [EB/OL]. (2015-08-17)[2018-03-05]. http://health.people.com.cn/n/2015/0817/c398004-27470898.html.

[85] 蔡仲曦，干荣富. 药物一致性评价实施与药用辅料关联审评的探讨 [J]. 上海医药，2017（5）：3-6.

[86] 许宁. 药用辅料的研发与应用现状分析 [J]. 当代化工研究，2017（1）：105-106.

[87] 汪盈盈，夏成凯. 提升我国药物制剂产业核心竞争力的对策思考 [J]. 产业与科技论坛，2018（5）：18-19.

[88] 胡欣，金鹏飞. 仿制药和专利药临床疗效差异的技术思考 [J]. 中国新药杂志，2012（6）：601-604.

[89] POLICIES E O O H. International monitor on health policy developments questionnaire 2010 [EB/OL]. (2010-01-30)[2017-07-08]. http://www.hpm.org/Downloads/cms/QuestionnaireSurvey15.pdf.

[90] 刘莘. 行政立法研究 [M]. 北京：法律出版社，2003.

[91] 应松年. 行政法 [M]. 北京：北京大学出版社，2010.

[92] 张象麟，刘璐，董江萍. 谈美国新药上市申请的立卷审查过程和管理政策 [J]. 中国新药杂志，2005（4）：389-392.

[93] 李晓宇，柴倩雯，杨悦. FDA新药上市申请立卷审查研究 [J]. 中国新药杂志，2016（6）：627-633.

[94] 徐蓉. 药事法教程：要点探讨、案例分析 [M]. 北京：化学工业出版社，2008.

[95] 深度解码专利链接制度 [EB/OL]. (2018-03-30)[2018-11-05]. http://ip.people.com.cn/n1/2018/0307/c179663-29852301.html.

[96] 袁红梅，尚丽岩，董丽. 中美"Bolar例外"及其对制药产业影响的比较 [J]. 中

国医药工业杂志，2010（10）：786-790.

[97] JANELLE D B E J M. FDA aims to remove unapproved drugs from market Risk-based enforcement program focuses on removing potentially harmful products [J]. Pharmacy today, 2008（8）：21-22.

[98] 孟八一. 严厉的监管成就强大的产业：FDA 药物监管 110 年剪影（连载二）[J]. 中国食品药品监管，2018，174（7）：50-59.

[99] 王青宇，杨悦. 中美日仿制药一致性评价政策比较研究 [J]. 中国药房，2017（25）：3457-3460.

[100] JUNOD S W. FDA and clinical drug trials：a short history [EB/OL].（2016-11-04）[2017-06-30］. https：//www.fda.gov/aboutfda/whatwedo/history/overviews/ucm304485.htm.

[101] 朱凤昌，王爱国，郑稳生，等. 美国食品药品管理局（FDA）部分《特定药物的生物等效性指导原则》的介绍和分析 [J]. 中国药学杂志，2016（18）：1615-1621.

[102] 刘倩，南楠，朱凤昌，等. 美国食品药品监督管理局特定药物的生物等效性指导建议介绍 [J]. 中国新药杂志，2016，25（14）：1630-1635.

[103] FDA 局长讲话：FDA 致力于促进复杂仿制药的开发，以提高患者的药品可及性 [EB/OL].（2018-10-29）[2018-11-05］. https：//www.sohu.com/a/271925510_803087.

[104] WHO. Guidance on the selection of comparator pharmaceutical products for equivalence assessment of interchangeable multisource（generic）products [EB/OL].[2017-07-01］. http：//www.who.int/medicines/areas/quality_safety/quality_assurance/regulatory_standards/en/.

[105] ICH. Specifications：test procedures and acceptance criteria for new drug substances and new drug products：chemical substances（Q6A）[EB/OL].（1999-10-30）[2018-06-01］. http：//www.ich.org/fileadmin/Public_Web_Site/ICH_Products/Guidelines/Quality/Q6A/Step4/Q6Astep4.pdf.

[106] 张哲峰. 制定质量标准需要关注的重点 [N]. 中国医药报，2017-02-21.

[107] 杨迪，周斌，王元辉. 药品质量标准中存在的问题及解决措施 [J]. 生物技术世界，2016（1）：217.

[108] Hanson R，Gray V. 溶出度试验技术 [M]. 宁保明，张保明，译.3 版. 北京：中国医药科技出版社，2007.

[109] 王丽葵，陈中亚，王威，等. 国内外溶出度测定及评价方法的异同点 [J]. 中国医药工业杂志，2015（5）：519-524.

[110] ANAND O，YU L X，CONNER D P，et al. Dissolution testing for generic drugs：an FDA perspective [J]. AAPS J，2011，13（3）：328-335.

[111] 李帅,龚前飞,廖萍,等.仿制药一致性评价中溶出度试验方法的探讨[J].上海医药,2018(3):24-28.

[112] 药智数据.国外药典在线[EB/OL].[2018-11-07].https://db.yaozh.com/foreign? name = Metformin + Hydrochloride&source = % E7% BE% 8E% E5% 9B% BD% E8% 8D% AF% E5% 85% B8&source2 = % E5% 85% A8% E9% 83% A8.

[113] 药智数据.国外药典在线[EB/OL].[2018-05-07].https://db.yaozh.com/foreign? name = Metformin + Hydrochloride&source = % E6% 97% A5% E6% 9C% AC% E8% 8D% AF% E5% 85% B8&source2 = % E5% 85% A8% E9% 83% A8.

[114] 药智数据.国外药典在线[EB/OL].[2018-05-12].https://db.yaozh.com/foreign? name = &source = % E8% 8B% B1% E5% 9B% BD% E8% 8D% AF% E5% 85% B8&source2 = % E5% 85% A8% E9% 83% A8.

[115] 药智数据.国外药典在线[EB/OL].[2018-10-07].https://db.yaozh.com/foreign? name = &source = % E9% 9F% A9% E5% 9B% BD% E8% 8D% AF% E5% 85% B8&source2 = KP + % E2% 85% A9.

[116] 左,还是右:参比制剂选择困境[EB/OL].(2017-06-16)[2018-10-06].http://www.sohu.com/a/149616342_723162.

[117] WOODCOCK J, KHAN M, YU L X. Withdrawal of generic budeprion for nonbioequivalence[J]. N Engl J Med, 2012, 367(26):2463-2465.

[118] DUNNE S, SHANNON B, HANNIGAN A, et al. Physician and pharmacist perceptions of generic medicines: what they think and how they differ[J]. Health policy, 2014, 116(2-3):214-223.

[119] 杨丹,马超,陈欣怡,等.仿制药质量与疗效一致性评价的生物豁免原则及各国及国际组织的生物等效性豁免品种[J].药物评价研究,2017(2):157-163.

[120] 宗欣,王迎利.美国FDA哨点行动及其对我国食品药品监管数据管理的启示[J].中国药事,2017(4):354-357.

[121] 风云.2017年全球药物销售额TOP100排行榜[EB/OL].(2018-03-30)[2018-10-06]. https://baijiahao.baidu.com/s? id = 1593924051378350770&wfr = spider&for = pc.

致　　谢

首先感谢我的导师杨悦教授，感谢她在5年前同意我报考其博士，让我有机会进入沈阳药科大学这座具有悠久历史和浓厚学风的药学界著名大学学习。从课题的选题、中期报告，到小论文的修改、大论文的指导，杨老师总是给予我最及时的帮助和指导！杨老师才思敏捷、知识渊博，其深厚的理论功底、睿智的思维及高效的办事作风让人敬佩不已，也是我终身学习的典范！

感谢沈阳药科大学工商管理学院的武志昂教授、孙利华教授、陈玉文教授、田丽娟副教授及其他各位老师，感谢你们在中期考核时给予课题的宝贵意见和建议！

感谢美国华盛顿大学程艳博士，感谢您在我英文论文投稿中所提供的帮助！感谢北京大学陈敬博士和南京医科大学李歆教授，感谢你们对课题的研究方法和研究思路提供的指导和帮助！感谢在问卷调研过程中给予大力支持和帮助的解放军155医院药剂科石磊主任和郑州大学药学院高岩老师、姚寒春老师、覃春苑老师等！感谢所有帮忙支持、转发及填写问卷的朋友们！感谢郑州大学药学院研究生王亚乐及本科生张勇杰在文献综述和药品标准等内容方面所提供的帮助！感谢中国药房杂志社刘明伟编辑给予发表论文的数次修改意见！

感谢答辩委员会的各位委员在百忙之中参与我的论文答辩工作！

感谢所有给予我帮助的同学和朋友们！

感谢我的家人，感谢你们的支持！